KB214137

그리스도는
살고
나는 죽는
이야기

그리스도는 살고
나는 죽는 이야기

초판 1쇄 발행	2016년 1월 30일
지은이	박성옥
펴낸이	원성삼
책임편집	이보영
펴낸곳	예영커뮤니케이션
주소	136-825 서울시 성북구 성북로6가길 31
전화	(02) 766-8931
팩스	(02) 766-8934
홈페이지	www.jeyoung.com
이메일	jeyoung@chol.com
등록일	1992년 3월 1일 제2-1349호

ISBN   978-89-8350-932-1 (04230)
          978-89-8350-542-2 (세트)

값 10,000원

「이 도서의 국립중앙도서관 출판예정도서목록(CIP)은 서지정보유통지원시스템 홈페이지 (http://seoji.nl.go.kr)와 국가자료공동목록시스템(http://www.nl.go.kr/kolisnet)에서 이용하실 수 있습니다.(CIP제어번호: CIP2016000452)」

옥영세계선교신서 25

40년 선교 현장에서 날마다 죽는 연습을 한 박성옥 사모의 하나님 사랑 이야기

● 박성옥 지음 ●

그리스도는 살고 나는 죽는 이야기

이 세상에서 보통 '죽는다'란 엄마는 몸이라는 뜻이다. 그러나 내가 죽는 이야기는 영혼이 살기 위한 이야기이다. 성경에서 한 알의 밀알이 땅에 떨어져 죽으면 30배, 60배, 100배의 열매를 맺느니라 말씀이 있듯이 죽음이란 끝이 아니라 열매를 맺고 또 영원히 사는 것이다. 내가 죽는 이야기는 한 번 죽고 마는 것이 아니라 그분이 나를 부르시는 그날까지 나를 죽이고 또 죽여서 그리스도가 내 안에 사는 이야기이다.

예영커뮤니케이션

추천사

할렐루야! 우리의 창조자요, 구원자가 되시는 성삼위일체 하나님께 감사와 찬양과 영광을 올려드립니다.

1885년 언더우드 선교사님과 아펜젤러 선교사님이 한국에 도착했을 당시, 우리나라는 참으로 무지한 땅, 절망의 땅이었습니다. 심히 가난했습니다. 사람과 동물이 모두 한 집에 같이 살았습니다. 온 동네가 전염병으로 쓰러져 갔고, 변변한 화장실도 하나 없었습니다. 어디를 봐도 억만 분의 1의 소망도 없고 길도 보이지 않던 대한민국이었습니다. 그러나 선교사님 두 분이 이 땅에 교회를 세우고 학교를 지으시면서 우리 대한민국에 희망의 빛이 비치기 시작했습니다. 학교에서는 가르치고 교회에서는 예배를 드리면서 우리 마음에 변화를 주고, 용기를 주고, 힘을 주고, 기쁨을 주고, 소망을 주고, 믿음을 심어 주었습니다. 우리는 세상과 우주를 보는 눈 그리고 세계를 바라보는 지식을 갖게 되었고, 이를 통해 우리 대한민국은 일어나게 되었습니다.

선교사님들을 통해 축복받은 우리나라를 보면서 박성옥 선교사님께서 지난 40년 동안 뿌리신 복음의 씨앗이 열매 맺을 것을 상상해

그리스도는 살고 나는 죽는 이야기

보니 가슴이 벅차고 희망이 부풀어 오릅니다. 이름도 없이 빛도 없이 주님을 위해 충성하고 헌신하며 살아오신 박성옥 선교사님의 숭고한 삶을 읽으면서 참으로 많은 감동을 받았습니다. 약 20년 전에 뵈었을 때나 지금이나 한결같이 오직 복음을 위해 사는 선교사님의 삶은 한국 교회와 많은 성도들에게 귀감이 되리라고 생각합니다.

선교는 참으로 귀한 것입니다. 선교는 크고 놀라운 사명입니다. 사람을 살리는 일입니다. 인류를 살리는 일입니다. 이 책을 통해 우리는 모두 선교의 꿈을 갖기를 소망합니다. 선교의 큰 꿈, 하나님 나라의 영적인 꿈을 꿀 때 우리는 평생 살아도 시들지 않고 곤비치 아니하는 강건한 삶을 살 줄 믿습니다. 한국 교회에 이렇게 귀한 책을 허락하신 하나님께 감사드리며, 기쁜 마음으로 이 책을 추천합니다.

명성교회 담임목사

김삼환

추천사

박성옥 사모가 자신의 삶의 이야기를 책으로 펴냈다. 사람들은 무엇인가를 남기려는 속성이 있다. 그중에 하나가 자신의 삶의 이야기를 책으로 펴내는 것이다. 박성옥 사모가 그랬는가보다.

드디어 그도 책을 펴냈다. 선교사인 남편을 따라 본인 의사와는 상관없는 삶을 살았으니 할 말이 많았을 것이다. 이 책에는 자신의 출생부터 시작하여 목회자의 7남매 중 넷째 딸로 태어나서 사랑받고 자란 이야기, 부모님의 목회 초년 어려운 목회 상황 이야기 그리고 신학교를 나온 남편을 만난 이야기, 결혼해서 아들을 낳고 아이들의 방황을 통해 역사하시는 주님을 만난 이야기 등이 담겨 있다.

그녀는 선교사 남편과 함께 방랑하는 삶을 살게 된다. 둘로스 배를 타고 세계 곳곳 항구마다 가서 배 안에서는 봉사로, 배 밖에서는 항만 전도로 정신없이 세계 항구를 누빈다. 겐트항으로, 폴트항으로, 리스본으로, 가디스로, 체노아로, 시실리섬으로, 라스팔마스―말타―지브롤터로 다시 함의 나라 아프리카 카보베르데로, 세네갈로, 감비아로, 라이베리아로, 아이보리 코스트로, 가나로, 토고로, 카메룬으로….

그리스도는 살고 나는 죽는 이야기

이것은 분명 방랑생활이다.

그러다가 발길이 남아프리카의 케이프타운에 이르게 된다. 그곳에서 캠프를 설치하고 몇 년 동안 항만 사역에 집중한다. 어느 정도 사역이 안정되자 모든 것을 후배들에게 맡기고 미국 시애틀로 가서 미진했던 학업을 마친다. 그 후에는 다시 현장으로 돌아와 인천에 정착하여 지금은 이 땅에 와 있는 외국인 노동자들을 위해 선교 사역에 마음을 쏟고 있다.

누구를 위한 방랑이었던가. 그들 부부는 마음에 항상 주님의 명령을 기다리고 있다가 어느 날 명령이 떨어지면 거처를 옮겨 다녔다. 그렇게 하기를 지금 60살 중반을 넘겨 사역을 마무리할 때가 되었다. 자신들이 돌아보아도 지나온 인생의 길이 꿈만 같았을 것이다. 그리고 지금까지의 꿈 같은 인생 여정을 글로 남겨 놓고 싶었을 것이다. 그래서 남편의 사역을 돌보며 그림자처럼 따라다니다가 용기를 내어 그 아내 박성옥이 책을 펴내게 된 것이다.

이 책은 선교사를 보내 놓고 선교사들이 어떤 사역을 하고 있는지 궁금해하는 분들에게 추천한다. 그리고 선교사 지망생이 있다면 이 책을 읽고 선교에 대한 큰 그림을 그려 보았으면 한다. 또 선교사로 선교 일선에 나가 있으면서 사역에 회의가 올 때면 이 책을 읽고 새로운 도전을 받았으면 한다.

　박성옥 부부, 이젠 좀 평안히 안정된 삶으로 인생 후반전을 관망해 보았으면 한다.

신촌성결교회 담임목사

이정익

그리스도는 살고 나는 죽는 이야기

목차

시작하면서

　내가 죽는 이야기는 내가 살기 위한 이야기다. 이 세상에서는 보통 '죽는다'란 의미는 끝이라는 말이다. 그러나 내가 죽는 이야기는 영원히 살기 위한 이야기이다.

　멀게는 우리 조상 아브라함 때부터, 가깝게는 이 땅에 오신 선교사님의 죽는 이야기가 그랬으며, 더 가깝게는 우리 부모님의 죽는 이야기가 그랬다. 그리고 지금 또 내 아들네 가족이 북아프리카에서 죽는 이야기를 써 내려가고 있다.

　성경에서 한 알의 밀알이 땅에 떨어져 죽으면 30배, 60배, 100배의 열매를 맺는다고 말했듯이 죽음이란 끝이 아니라 열매를 맺고 또 영원히 사는 것이다.

　내가 죽는 이야기는 한 번 죽고 마는 것이 아니라 그분이 나를 부르시는 그날까지 나를 죽이고 또 죽여서 그리스도가 내 안에 사는 이야기이다.

　나는 부족한 것도 많고 또 배운 것도 많지 않다. 그렇다고 뚜렷이 잘하는 것도 없다. 그러나 내가 할 수 있는 최선을 다해 그분에게 순종하는 마음으로 그가 원하시는 일을 할 뿐이다. 그동안 남편과 함께 40년간 살면서 우리 인생길에 함께하신 그분이 행하신 일들을 형형색색의 색깔로 실뜨기한 이야기이다.

박성옥

1장

고귀한
유산

한국전쟁이 끝날 무렵, 한 아이가 태어났다. 7남매 가운데 넷째로 태어난 첫 딸이다. 아들 셋을 연달아 낳으신 뒤라 부모님은 물론 주위 사람들에게 귀여움을 받았다. 내 아버지는 목사님이셨고, 내 어머니는 참한 내조자이셨다. 시어머니, 7남매, 조카 두 명을 보살피며 잠잠히 가정을 이끄셨다. 정말 귀하고 아름다운 분이시다. 나는 부모님에게서 하나님을 배웠다. 사랑을 배웠다. 정직을 배웠다. 그 아이가 바로 나, 박성옥이다.

눈을 뜨고 일어나면 제일 먼저 가정 예배를 드렸다. 아버지께서 새벽 기도를 마치고 돌아오시면 우리는 모두 안방에 모여 찬송을 부르고, 돌아가면서 성경을 한 장씩 읽었다. 그리고 식구들이 차례대로 기도하고 주기도문으로 예배를 마쳤다. 예배 시간이 길지는 않았지만 1년 365일 하루도 빠진 적이 없었다. 부득이 예배를 드리지 못했을 때는 저녁에라도 드렸다. 가정 예배는 아버지께서 물려 주신 귀한 유산이다.

우리 형제는 책을 많이 읽으면서 자랐다. 그것은 항상 아버지의 서재에 책이 많이 있었기 때문이다. 그 책들 가운데 슈바이처 박사의 전기는 내 삶에 가장 큰 영향을 미쳤다. 내가 어른이 되어 부모가 되었을 때 내 아이에게도 이 책을 읽어 주었다. 내 꿈은 원래 선생님이 되는 것이었지만, 슈바이처 책을 읽고 난 후 나는 늘 아프리카를 꿈꾸었다. '아프리카는 지구 어디쯤에 있을까? 아프리카에 꼭 한번 가 봤으면….' 내 꿈이 기도가 되었는지 실제로 나는 아프리카 10여 개국을 방문할 기회가 있었고, 또한 그곳에서 십여 년을 살게 되었다.

서울 한복판 충무로에서 어린 시절을 보냈다. 그 당시 우리 동네에는 북한에서 피난 온 사람이 많이 살았다. 특히 우리 교회 주변에는 "하꼬방"이라고 부르던 일종의 쪽방촌과 같은 집이 많았다. 한번은 이 "하꼬방"에 불이 나자 집을 잃은 사람들이 우리 교회 마당으로 피신해 오기도 했다. 대다수가 어렵게 살던 시대였지만 나는 어려움이 무엇인지 모르고 자랐다. 아무리 어려운 환경에서도 불평하지 않으시고 잠잠히 가정을 보살핀 어머니 덕분이다. 어머니는 늘 얼굴에서 미소가 떠나지 않았고, 늘 맛있는 음식을 우리에게 만들어 주셨다. 동대문 시장에는 미국에서 건너온 구호물자를 파는 곳이 많았다. 어머니는 그곳에서 옷을 사다가 내 몸에 맞게 수선해 주시기도 하고, 아예 옷감을 사다가 옷을 만들어 주시기도 하셨다. 어머니 덕분에 나는 늘 예쁜 아이가 되었다.

어른이 된 후에도 나는 중고 상점을 자주 찾는다. 미국에서는 이런 종류의 상점을 "밸류 빌리지"라고 부른다. 그 이름이 정말 마음에 든다. 영어 단어 그대로 "밸류 빌리지"에는 가치 있는 물건이 많다. 이곳에 가면 마음에 드는 옷과 신발을 아주 싼 값에 살 수 있다. 이러한 나를 보고 이따금 아이들이 핀잔을 주기도 한다. 그러나 나는 개의치 않는다. 가치 있는 물건을 헐값에 사는 기쁨을 알기 때문이다.

초등학교 4학년 2학기, 우리 가족은 충무로를 떠났다. 신설동에서 잠시 살다가 아버지가 목회하시는 곳을 따라 원주로 이사 갔다. 기차

그리스도는 살고 나는 죽는 이야기

를 타고 멀리 새로운 곳으로 간다는 사실에 신바람이 났다. 그 당시 원주는 군사 도시여서 군인이 많았다. 우리는 원주 군청 옆에 살았다. 아버지가 사역하시는 교회는 서울에 있는 교회보다 작았지만, 유치원이 딸려 있었다. 집 앞에 마당이 있었고, 그 마당 한 가운데에는 우물이 있었다. 서울에서는 한 번도 본 적이 없는 것이었다.

어머니는 토끼와 닭을 기르셨다. 또 마당에 가지, 토마토, 호박 등 각종 채소와 꽃을 심으셨다. 내게는 서울이나 시골이나 모두 마음에 들었다. 그런데 이곳 시골에는 책가방이 없는 아이들이 많았다. 책가방 대신 보자기에 책을 싸서 그것을 허리에 메고 다녔다. 나도 한번은 그 아이들을 따라 책을 보자기에 넣고 학교에 가 보았다.

학교에 가려면 산을 넘어야 했다. 그 길이 지름길이기도 하다. 길가에는 서울에서 보지 못했던 이름 모를 풀과 꽃이 널려 있었다. 시골에는 재미있는 일들이 많았다. 아이들과 함께 고구마밭에 고구마를 주우러 간 적도 있다. 이미 고구마를 다 캔 밭이지만 더러 남아 있는 고구마가 있었다. 고구마 몇 개를 줍느라 날이 저무는지도 몰랐다. 그런 날이면 어머니에게 꾸지람을 들었다.

봄에는 쑥을 캤다. 어머니에게 가져다 드리려고 쑥을 잔뜩 캐서 책가방에 넣었다. 그런데 내가 캔 큰 쑥은 먹지 못하는 것이라고 했다. 이왕이면 큰 것이 좋을 것이라 생각하고 캔 것인데 헛수고만 했다. 원주에서는 2년 정도 살았는데 그 시절은 아직까지 아름다운 추억으로 남아 있다.

몇 년 전 뉴욕에 사는 동생네 집을 방문했다. 동생이 다니는 교회에 함께 갔는데 사모님 얼굴이 낯익었다. 혹시나 해서 물어보니 원주가 고향이라고 했다. 게다가 나와 나이까지 비슷했다. 알고 보니 초등학교 5학년 때 같은 반 친구였다. 내 어릴 적 추억이, 내 어릴 적 친구가 지구 저 반대편 미국으로까지 날아간 것이다.

천막 교회

우리 가족은 다시 서울로 왔다. 아버지는 서울 수유리에 교회를 개척하셨다. 그 당시 수유리는 서울에 있었지만 원주와는 별 차이가 없었다. 다만 국민주택이 많았을 뿐이다. 번듯한 양옥집과 논과 밭이 공존하는 곳이었다. 원주와 다른 점이 있다면 버스만 타면 시내 어디에나 갈 수 있다는 것이었다.

이층집을 전세 얻어 아래층은 살림하는 데 쓰고 2층은 교회로 사용했다. 개척 교회의 교인은 부모님과 우리 7남매 그리고 사촌들이었다. 교회를 다니던 분들은 아니었지만 아우가 교회를 개척한다고 하니 머릿수를 하나라도 늘려 주고 싶은 마음에 큰아버지, 큰어머니께서 사촌들을 데리고 우리 교회에 오셨다.

아마 수유리에서 개척 교회를 할 때가 우리 가족에게는 가장 힘든 시기였던 것 같다. 그 당시 제일 많이 불렀던 찬송가가 있는데 가사는 이렇다.

"지난밤에 보호하사 잠 잘자게 했으니 감사하신 천부 은총 일심

그리스도는 살고 나는 죽는 이야기

감사합니다."

눈을 비비고 일어나서 함께 부르던 찬송, 아무리 어려운 환경에서도 온 가족이 함께 부르고 기도하던 그 기억이 아직도 생생하다.

개척 교회 시절, 우리 형제들은 모두 학교에 다녔다. 특히 나는 중학교 입시를 치른 후 합격자 발표를 기다리고 있었다. 저녁 라디오 방송에서 합격자 명단을 발표했다. 라디오에서 내 이름이 들리자 모두 기뻐했다. 그런데 입학금이 문제였다. 일주일 내로 입학금을 납부해야 하는데 가정 형편이 어려웠다. 하루 이틀 지나 마감일이 다가왔지만 뾰족한 방법은 없었다. 다만 그날 아침, 가정 예배 때 모두가 내 입학금을 위해 기도했을 뿐이다.

왜 아직까지 입학금을 내러 가자고 말씀하지 않으실까? 슬슬 조바심이 나면서 마음이 슬퍼지기 시작했다. 부모님의 애를 태우고 싶은 마음에 어디론가 숨어야겠다고 생각했다. 숨을 곳을 찾았으나 마땅치 않아 강대상 속에 숨었다. 그런데 그 안에서 그만 잠이 들고 말았다. 2월이라 꽤 추웠다. 그런데 오후 두세 시 정도가 되자 부모님이 나를 부르시는 소리가 들렸다. 나는 그 목소리를 들었지만 일부러 나가지 않았다. 그런데 "학교에 가야 하는데 얘가 어디 갔지?" 하는 말이 들렸다. 나는 '등록금이 생겼구나' 하는 마음에 얼른 뛰쳐나갔다.

그런데 등록금이 생긴 것이 아니었다. 장로님 한 분이 합격을 축하한다며, 돈을 조금 들고 오셨을 뿐이었다.

"성옥아 나가자!"

"등록금이 없는데 어떻게 학교에 가요?"

"글쎄 가 보면 안다. 주님이 예비하셨을 거야."

걱정이 사라지지 않았지만 아버지를 따라나섰다. 내가 다닐 학교는 안국동에 있었는데 아버지는 그곳을 지나쳐 무교동으로 가셨다.

"아빠, 왜 이리로 가?"

그 당시 무교동에는 우리 교단 총회국이 있었다. 그곳에 도착해서 총무 목사님을 만났다. 그런데 그 목사님이 봉투 하나를 주시면서 "성옥아, 너 학교에 붙었다며?" 하시는 것이 아닌가. 봉투 안에는 돈이 들어 있는 것이 분명했지만 금액은 알 수 없었다. 감사하다고 말씀드리고 얼른 봉투 안을 확인하고 싶었다. 그런데 아버지는 목사님과 이야기만 나누셨다. 마감 시간이 다가오자 나는 애가 탔다.

봉투를 아버지에게 건네면서 물었다.

"아빠, 등록금이 모자라면 어떻게 해?"

"모자라면 말미를 좀 달라고 하지 뭐."

그런데 돈을 세어 보니 오히려 돈이 남았다.

나는 주님의 예비하심을 처음으로 경험했다. 아버지도 정말 기뻐하셨다.

"주님이 우리 성옥이를 많이 사랑하시는구나."

그 후에도 나는 개척 교회를 세우는 과정에서 어려운 일을 겪을 때마다 도우시는 하나님을 보았다.

아버지께서는 전세금을 빼서 교회 부지를 사셨다. 그러다 보니 우리가 당장 지낼 곳도, 예배드릴 곳도 없게 되었다. 마침 지인 한 분이 운영하시던 양계장 한 모퉁이에 땅을 빌려 주셨다. 아버지는 그곳에

그리스도는 살고 나는 죽는 이야기

천막 교회를 만드셨다. 그리고 천막 한 쪽에 침대를 놓고 오빠들 방을 임시로 만드셨다. 나머지 식구들은 큰 천막을 사서 바닥에 나무를 깔고 생활했다. 지퍼로 열 수 있는 창문까지 달린 천막이었다. 우리 가족은 5개월 정도 천막 생활을 했다.

찜통 같은 더위에도, 또 비가 주룩주룩 오는 날에도 우리 가족은 그 누구도 불평하지 않고 즐겁게 생활했다. 그해 찬바람이 불기 직전부터 교회를 짓기 시작했는데 추운 겨울을 나야 했기에 아버지는 어느 학교에서 헌 문짝을 얻어다가 새집에 달아 주셨다. 그래서 간신히 추운 겨울은 지낼 수 있었다. 새집이라고는 하지만 낡은 문 때문인지 빈대가 몰려들어 한동안 고생했다. 나에게는 이 시기가 가장 힘들었던 것 같다.

작은 일꾼

중학교에 입학한 후 공부에 재미가 들 무렵, 어머니는 중풍으로 쓰러지셨다. 그 후 25년간 어머니는 병고를 치르셨다. 어머니는 혈압약을 복용하셨는데 약이 떨어져도 약을 살 돈이 없었다. 며칠 정도는 괜찮겠지 생각했는데 어머니는 그만 한밤중에 쓰러지셨다. 그 후부터는 오른쪽 손과 발을 자유롭게 사용하지 못하셨다. 그래서 학교가 끝나면 항상 어머니를 도와 집안일을 해야 했다. 나는 책가방 뒷주머니에 아예 시장 바구니를 넣어 가지고 다녔다. 집안일을 도와주는 아주머니가 있었지만 큰딸인 내가 집안 살림을 해야 한다는 아버지의 말씀에 나는 시장을 봐야 했다. 또 이따금 어머니를 모시고 침 맞는 곳에 가야 했다. 중학생인 나에게는 이 모든 일이 벅찼다. 한참 놀 나이에 친구들과 어울리지 못했다.

어머니가 편찮으시니까 할머니께서 큰집으로 가셨다. 그러나 워낙 식구가 많다 보니 집안일은 줄어들지 않았다. 이 문제를 해결하기 위해 가족들이 의견을 냈다. 큰오빠가 장가를 가서 새언니가 생기면 좀 나아지지 않겠느냐는 것이었다. 그러나 그것은 착각이었다. 큰오빠가 장가를 가긴 했지만 올케가 직장생활을 해서 챙겨야 할 식구가 오히려 더 늘었다. 더구나 올케는 하루 일하고 하루 쉬는 직장에 다녔는데 아기를 낳으니 아기 돌보는 일까지 내가 맡아야 했다. 물론 내가 학교에 있는 동안에는 어머니가 한 손으로 아기를 돌보셨다. 아주머니도 일이 고되다 보니 자주 관두셔서 내가 더 힘들었다. 그래서 이따금 집을 떠나서 살 수 없는지 생각하기도 했다. 부모님에 대한 반항 때문은 아니고 몸이 힘들다 보니 가끔 심술을 부린 것이다. 집에서는 집안일로 또 교회에서는 유치부 교사로 섬겼다. 그때부터 나는 어린아이들을 사랑하게 되었다. 하나님의 훈련은 결코 헛되지 않다.

수유리에서 보낸 시절은 어린 내게 가장 힘들었지만 훗날 돌이켜 보면 내 영혼의 황금기이기도 했다. 좋은 친구들을 얻고, 내 신앙의 기초를 다진 시기이기 때문이다.

그리스도는 살고 나는 죽는 이야기

나의 반쪽 이야기

그동안 정들었던 수유리를 떠나 금호동으로 이사를 오게 되었다. 이곳에서 나는 내 인생의 반려자를 만나게 될 거라고는 생각조차 하지 못했다. 그 무렵, 나는 유치원에서 일했다. 그곳에서 아이들과 생활하는 것이 마냥 즐거웠다. 아이들을 바라보기만 해도 좋았다. 아이들을 통해 나를 볼 수 있었고, 나도 아이들과 하나 되는 듯한 느낌이었다.

부모님은 나에게 계속해서 선을 보라고 하셨다. 결혼할 마음은 없었지만 이성 교제는 해 보고 싶었다. 오빠의 권유로 선을 보긴 했지만 내 마음을 끄는 사람은 없었다. 모두 신앙이 있는 사람이었지만 색깔이 저마다 달랐다. 대다수의 젊은이가 그러하듯 신앙과 세상 두 마리의 토끼를 쫓고 싶어 했다.

금호동에서 생활한 지 1년쯤 되어갈 때 아버지는 교회에 지휘자가 필요하다고 하셨다. 그래서 서울신학대학교에 부탁했는데 소개받은 사람이 지금의 내 남편 전철한 씨이다. 전철한 씨는 서울신학대학교 졸업반이었고, 어느 수요일 저녁에 이력서를 들고 아버지가 시무하는 교회에 왔다. 나는 늘 그렇듯이 유치원에서 돌아와 저녁 식사를 거들고 있었다. 머리에 수건을 쓰고 저녁 식사를 준비하고 나서 저녁을 먹고 있는데 누군가가 문을 두드렸다. 청색 계열의 양복을 입고 문 앞에 서 있던 사람은 지금의 내 남편이었다. 그때의 첫인상이 아직도 또렷하게 남아 있다.

아버지께 누가 왔다고 말씀드렸더니 안방으로 모시라고 했다. 나는 그 사람에게 커피 한 잔을 내다 주었다. 그리고 지금의 내 남편은 그날 수요일 저녁 예배부터 우리 교회에 지휘자로 소개되었다. 전철한 씨는 그 당시 약수동에 있는 미국 군인들을 위한 순복음 계통의 미국 선교사님 댁에서 집안일을 돌보면서 학교를 다녔는데, 마침 우리 교회에서 지휘자를 구한다니까 그 당시 사무처장님으로 계시는 오 목사님 소개로 우리 교회로 오게 된 것이다.

성품이 착했던 남편이 내게는 마치 동화 속 주인공 같았다. 충청북도 옥천에서 태어난 남편은 7남매 가운데 다섯째였다. 위로 누이만 넷이 있다 보니 귀한 아들이었다. 아버님은 농사를 지으셨는데, 장남인 남편을 향한 기대가 아주 컸다. 남편은 부모님을 도와서 농사짓는 일도 하고 겨울이면 나무도 베어 왔다. 남편이 열다섯 살 때에 아버님이 돌아가셨다. 50세에 혼자되신 어머님이 가장의 역할을 떠맡으셨다. 어머님은 농사일 외에도 돈이 될 만한 일들을 찾아서 하셨다. 예컨대 떡장사를 하셨고 장날이면 떡과 국수를 파셨다. 그러한 어머니를 도와 남편은 리어카를 장까지 끌어다 드리고 학교에 갔다. 농사철이면 똥장군도 날라 드렸다.

어려운 생활 속에서도 남편은 항상 밝았다. 남편에게는 남다른 음악적 재능이 있었다. 악기는 물론 타고난 목소리가 수준급이었다. 더욱 놀라운 것은 레슨을 받은 적이 없는데도 혼자 힘으로 피아노를 연주하고 노래를 불렀다. 충남 콩쿠르에 나가 수상할 정도면 그 실력은 충분히 인정할 만하다. 특히 원어로 노래를 잘 불렀는데 그것 역시 혼

그리스도는 살고 나는 죽는 이야기

전철한 목사의 미8군 합창단 시절

자 음악을 들으면서 깨우친 것이다. 훗날 남편은 미8군 합창단 멤버가 되었다. 그 치열한 오디션에서 너끈히 합격할 수 있었던 것은 타고난 재능과 끈질긴 노력이 이미 내공으로 쌓였기 때문일 것이다.

남편은 둘째 누나를 통해서 교회에 나가기 시작했다. 아들을 사랑하시는 어머님은 아들의 기를 세워 주시겠다는 마음으로 교회에 다니시다가 하나님을 만나셨다. 그리고 아들과 함께 하루도 빠짐없이 새벽마다 일어나서 교회에 나가셨다. 남편은 교회에 가기 전 마을에 있는 샘에 들려서 냉수마찰을 하곤 했다. 추운 겨울이라도 마찬가지였다. 어머니와 함께한 새벽 기도는 오늘의 남편을 있게 했고, 어머님은 하늘나라에 가시기 전까지 새벽 기도를 계속하셨다. 남편에게는 소중한 어머니의 기도가 유산인 셈이다.

남편은 옥천에서 중학교를 마친 후 충남고등학교에 입학했다. 그 당시 옥천에서 충남고등학교에 합격한 사람은 남편을 포함해 단 둘이었다. 남편은 기차로 통학하면서 고등학교를 다니다가 자취를 하게 되었다. 남편이 끝까지 공부를 마칠 수 있도록 어머님은 혼자 몸으로 많이 애를 쓰셨다. 고등학교를 마치고 진로에 대해 고민하다가 결국 남편은 신학교에 가기로 결심했다. 어느 신학교를 갈 것인가를 고민하던 중 신문에 실린 광고를 보고 안양 성결교신학교에 가게 되었다. 그 당시 어머님은 매우 크게 실망하셨다고 한다. 왜냐하면 충남고등학교는 지금의 교육대학 같은 사범 고등학교였기 때문이다. 어머님은 아들이 학교를 졸업하면 선생님이 되어서 가정 경제에 보탬이 되어 줄 거라 기대하셨다고 한다.

그러나 신학교를 1년 다닌 남편은 학교 생활에 회의감을 느끼고 신학교에 입학한 것을 후회하게 되었다고 한다. 마침 작은 누나가 전라도 무등산 쪽에 시집을 가서 살고 있었는데 남편은 그곳에 있는 기도원에 들어가 농사일을 하면서 오로지 말씀과 기도 생활만 했다. 보다 못한 어머니께서 아예 논밭을 파신 후 남편이 있는 전라도까지 오셨다.

남편은 이듬해, 군에 입대했다. 미군 군종 사병으로 파견되어 영어를 배우기 시작했다. 얼마 후 미8군 합창단에서 한국인 단원 한 사람을 뽑는다는 광고가 나서 오디션을 보았는데 남편은 합격했다. 앞서

그리스도는 살고 나는 죽는 이야기

말했듯이 한국인으로서는 유일하게 미8군 합창단에 뽑혀 제대할 때까지 노래만 했다고 한다. 노래하는 것이 쉬운 일은 아니다. 영어가사로 노래를 불러야 하기에 하루도 입이 부르트지 않는 날이 없었다고 한다. 한 주 내내 합창 연습을 하고 주말과 주중에는 한국에 있는 많은 대학가를 다니면서 공연하고, 가끔씩은 텔레비전 방송국도 출연했다. 군 생활을 통해 남편은 영어를 익히면서 장차 선교 사역의 기초 훈련을 했던 것 같다. 제대한 후에도 군대에 있을 때 만났던 선교사님과 연결되어 낮에는 서울신학대학교를 다니고, 저녁에는 선교사님을 도왔다. 그리고 신학대학교 마지막 학년 때 우리 교회 지휘자로 오게 된 것이다.

남편을 따라 약수동에 간 적이 있다. 나는 그때 커다란 커피메이커를 처음 보았다. 커피잔도 어찌나 컸던지…. 커피 맛도 썼다. 이 커피가 바로 요즘 즐겨 먹는 아메리칸 스타일 커피이다. 그러나 이곳에 갈때마다 겁이 좀 났다. 바로 언어 문제 때문이다. 여하튼 남편은 선교사가 되기 전부터 서양 문화를 일찍 접했던 것 같다. 그 당시 내 눈에는 서양 문화가 고급스럽고 편안해 보였다. 내가 사는 금호동에서 산하나만 넘으면 약수동이다. 그래서 늘 남편은 걸어다녔다. 남편은 매주 교회에서 성가 연습이 끝나면 쏜살같이 가 버리곤 했다. 성가대원들 대다수가 청년부 회원이고, 주일학교 교사였다. 그러나 남편이 자기 할 일만 마치면 쌩하고 가 버리니 교제할 기회가 없었다. 우리 딴에는 좋은 아이디어를 냈는데 그것은 남편에게 아이스크림을 사 달라며 말을 거는 것이었다. 그러면 최소한 아이스크림은 사 줄 것이고,

그것을 먹는 동안이라도 이야기를 할 수 있지 않겠느냐는 생각이었다. 그리고 과연 누가 그 말을 할 것인지 내기로 결정했다. 그때만 해도 청년들이 숫기가 없어 누군가 나서서 선뜻 그 제안을 하지 못했다. 결국 내 동생이 그 역할을 해 냈다. 그런데 남편은 아이스크림 값만 준 뒤 달아났다고 한다.

나중에 알고 보니 그 당시 남편은 시간에 쫓기며 살고 있었다. 내 어머니는 남편을 보시고는 "전 선생은 착하고 선하게 생겼다."라고 말씀하신 적이 있다. 내 눈에도 남편의 인상은 진실 그 자체로 보였다. 남편은 이따금 미군을 데리고 우리 교회에 왔다. 그때마다 영어로 대화하는 남편의 모습이 매력적이었다. 내 안에 남편을 향한 호기심이 서서히 생겨났다. 내 나라 말이 아닌 다른 나라 말을 자유롭게 구사한다는 것 자체가 또 하나의 자유인 것 같았다. 언어 문제가 자유로우면 못할 일이 없을 것 같다는 생각도 들었다. 같이 있을 때에 보면 영어를 하는 것이 매우 자유스럽고 좋아 보였다.

날 가라 명하신다

"성옥아, 너도 이만큼 컸으니까 이제는 시집가야지."
어머니가 말씀하셨다.
"기왕이면 목사 부인이 되어라. 오빠들이 있어도 모두 목회할 생각이 없다니까 너라도 목사에게 시집가서 아버지의 사역을 잇는 것이

그리스도는 살고 나는 죽는 이야기

좋겠다."

아마 어머니는 전 선생을 마음에 두고 이 말을 하셨던 거 같다.

"성옥아, 내가 주선해 볼 테니 한번 만나 볼래?"

사실 나는 목사에게 시집은 절대 안 갈 거라고 노래했었다. 그리고 남편이 신학을 공부하긴 했어도 영어를 잘하니 공부를 계속해서 교수가 되었으면 좋겠다고 생각했다. 내가 보기에도 남편은 총명해서 내조를 잘하면 큰 그릇이 될 것 같았다. 그래서 어머니의 제안을 굳이 반대하지 않았다.

약속 장소에 나타난 남편은 녹색 반코트에 흰색 폴라티를 입고 있었다. 서로 인사만 나눈 뒤 나란히 걷기 시작했다. 일주일에 두 번은 교회에서 보는 얼굴인데 왜 그렇게 어색하던지…. 이런저런 이야기를 하다가 식당에 들어갔다. 지금 기억으로는 한식을 파는 곳 같았다. 그런데 그곳에 들어가자마자 정전이 되었다. 서로 얼굴을 바라보기도 쑥스러운데 정전이 되어 다행이라고 생각했다. 식당에서는 촛불을 켜 주었다. 촛불이 켜진 식당 분위기는 근사했다. 음식도 더 맛있어 보였다.

식사를 마치고 돌아오는 길에 남편이 악보 하나를 내밀었다. 나에게 그 악보를 복사해 달라고 했다. "탕자의 이야기"를 노래로 만든 영어 성가였다. 남편이 풍기는 선한 인상은 여전했다. 어머니는 내 느낌이 어땠는지 무척 궁금해하셨다. 내 반응이 꽤 긍정적인 것을 아시고는 이렇게 말씀하셨다.

"그래, 사람이 인생을 사는 데 필요한 물질은 주님이 주신단다. 물질보다는 사람의 품성이 더 중요하지."

그리고 계속 전 선생을 만나보라고 권유하셨다. 인생의 선배이신 어머니의 말씀이 정말 옳다는 것을 나는 그 후 결혼생활을 통해 직접 경험했다. 그리고 내 선택이 정말 옳았다는 생각이 들었다.

졸업시험을 치른 뒤라 남편도 많이 한가해졌다. 그런데 남편은 다시 갈림길에 섰다. 졸업 후의 진로에 대한 갈등이 시작된 것이다. 미군 중에서 남편의 유학을 돕겠다는 사람이 있었다. 그런데 그 일이 잘 안 풀리자 다른 길을 찾아야 했다. '교회를 개척해야 하나?' 그리고 교회를 개척할 만한 곳을 찾아보기도 했다. 그러나 하나님은 남편이 그동안 훈련받은 것과 그 재능에 맞는 길로 인도하셨다.

남편의 졸업식이 가까워오자 엄마는 분주해지셨다. 몸이 불편하셨지만 졸업식에는 꼭 가시겠다고 하셨다. 엄마가 외출하는 것은 쉬운 일이 아니었다. 신발을 신어도 한쪽이 자꾸 벗겨져서 누군가 보살펴 드려야 했다. 또 졸업식장까지 가려면 버스도 타고 전철도 타야 했다. 졸업식 날 어머니는 미용실에 가서 머리를 손질하시고, 한복과 두루마기를 입으신 후 숄을 걸치셨다. 아버지는 졸업식 순서를 맡으셨기 때문에 어차피 가셔야 했다. 졸업식 참석은 전 선생을 사위로 인정하는 날이기도 했다. 남편이 상을 받을 때에는 모두 기뻐하며 자랑스러워했다.

졸업식을 마친 후에 남편은 친구들과 함께 즐거운 시간을 보냈고, 저녁을 먹자마자 약수동으로 부리나케 갔다. 남편을 위한 깜짝 파티가 있다고 했다. 마침 그날 약수동에서는 집회가 있었다. "한국외항

그리스도는 살고 나는 죽는 이야기

서울신학대학교 졸업식 날에 전철한 목사 가족과 함께

선교회"의 최기만 목사님이 오셨는데 그분은 로스 목사님(오대원)의 소개를 받고 남편을 만나러 오셨다. 왜냐하면 한국외항선교회를 새로 설립했는데 선교회에 영어를 구사할 수 있는 사역자가 필요했기 때문이다.

함께 일해 보자는 제안을 받은 남편은 인천 부두에 직접 가서 외국에서 온 배에 있는 사람들을 전도했다. 그런데 그들에게 전도하는 것이 좋고 재미 있다고 했다. 남편은 그 해 3월부터 한국외항선교회 간사로 일하게 되었다. 주말에는 인천 송현교회에서 주일학교 담당 전도사로 일했다. 그러다 보니 하루가 멀게 하던 데이트를 할 수 없게 되었다. 데이트 코스는 주로 남산이었다. 남산을 오르락내리락 하다가 누가 먼저라고 할 것 없이 자연스럽게 서로 찬송을 읊조렸다. 그때 즐겨 부르던 찬송은 바로 이것이다.

"밤 깊도록 동산 안에 주와 함께 있으려 하나 괴론 세상에 할일 많아서 날 가라 명하신다 주님 나와 동행을 하면서 나를 친구 삼으셨네 우리 서로 받은 그 기쁨은 알 사람이 없도다."

이후에 생각해 보니 하나님께서 이 찬송을 통해 우리에게 "가라!"고 명하신 것 같다. 케이프타운에서 선교하게 되었을 때 종종 백인 교회에서 우리에게 간증과 찬양을 부탁받았다. 그때 우리는 이 찬송을 많이 불렀다. 영어로 주로 불렀는데 영어 가사가 더욱더 마음에 와 닿았다.

And he walks with me
and he talks with me and
he tells me I'm his own

실제로 주님은 평생 우리와 함께 걸으셨고, 우리에게 말씀하셨다. 그리고 힘들고 어려울 때에는 "너는 내 것이다."라며 위로해 주셨다.

그리스도는 살고 나는 죽는 이야기

1975년 5월 17일, 아버지는 나와 의논도 없이 남편과 함께 결혼식 날짜를 잡으셨다. 나는 다니던 유치원을 관두고 결혼 준비를 했다. 결혼을 안 할 생각은 아니었지만 이렇게 빨리 하게 될지는 몰랐다. 남편 역시 마찬가지였을 것이다. 그러나 아버지는 물 한 그릇만 있어도 된다고 말씀하셨다. 어머니께서도 몸이 불편하시니 도와주실 수 있는 상황이 아니었다. 날짜는 어찌나 빨리 가던지, 결국 나 혼자 결혼 준비를 했다. 남편 양복과 가재도구 준비는 친구들과 함께 다니면서 했다. 이불은 교회 여전도 회원분들이 도와주셨다. 그래도 이불솜은 어머니께서 직접 동대문 시장에 가서 사 주셨다. 살림에 꼭 필요한 것들을 적은 후 하나씩 준비하다 보니 어느새 준비가 끝났다.

부모님과 평생 지내다가 겨우 10개월 동안 교제한 한 남자와 살게 되다니…. 결혼식을 시작으로 나는 전철한이라는 한 남자의 아내로 새로운 인생을 시작해야 했다. 내 결혼을 앞두고 아버지는 딸을 떠나보낼 생각에 며칠 동안 잠을 주무시지 못했다.

결혼식 당일, 날씨는 화창했고 더위마저 느껴졌다. 나는 부모님께 감사의 절을 올렸다. 아버지도 나도 눈물을 흘렸다. 비교적 일찍 결혼하는 나를 보기 위해 동창생들이 왔다. 또 미8군과 약수동에서는 남편의 미국 친구들이 축하해 주러 왔다. 서울신학대학교 민지은 교수님의 피아노 반주와 앙상블 축가, 대형 케이크, 남산 드라이브… 모든 것이 결혼식 분위기를 물씬 자아냈다.

결혼식 목사 안수식

신혼여행은 고속버스를 타고 유성으로 갔다. 그곳에 도착하니 비가 내렸다. 택시 기사에게 조용한 모텔에 가 달라고 부탁하니 군인 호텔로 안내해 주었다. 배가 고파서 밥부터 주문했는데 반찬 수가 서른 가지가 넘는 한정식이 나왔다. 그다음 날이 주일이라서 남편을 따라서 대전으로 갔다. 고향에 계시던 목사님을 찾아뵙고 예배를 드렸다. 그리고 다시 속리산행 버스를 탔다. 버스 안의 승객은 할머니 한 분과 우리 부부뿐이었다. 속리산까지 가는 길이 아름답기 그지없었다.

속리산에 도착하니 사내아이가 다가와서는 좋은 여관을 소개해 주겠다고 했다. 그 아이를 쫓아가 보니 정말 깨끗하고 아담한 여관이 나왔다. 마침 수학여행 시즌이라 속리산 곳곳에서 학생들을 볼 수 있었다. 앞으로 우리 부부가 가야 할 길을 모두 주님께 맡기자고 다짐하면서 함께 솔밭길을 걸었다.

그리스도는 살고 나는 죽는 이야기

시아버님 산소가 있는 옥천에 들린 후 서울로 돌아왔다. 그리고 서울역에 도착해서는 아버지께 전화했다. 아버지의 목소리를 듣는 순간 눈물이 핑 돌았다. 사실 나는 결혼식 내내 흐르는 눈물을 주체하지 못했었다. 하지만 제일 중요한 일정이 남아 있었다. 그것은 바로 시댁에 가서 인사를 드리는 것이었다. 서서히 긴장되기 시작했다. 이바지 음식을 준비해 줄 사람이 없어서 고기와 과일을 사서 들고 갔다.

시댁에 도착했는데 분위기가 심상치 않았다. 신혼여행으로 1박만 하고 돌아올 것이라고 생각했는데 이틀을 소요한데다가 저녁까지 먹고 늦게 도착했으니 시어머니는 이미 화가 많이 나 있었다. 그 와중에 시누이가 아들을 잃어버렸다가 뒤늦게 찾은 일이 있어서 여러모로 기분이 좋지 않으셨다. 처음 겪는 분위기라서 나는 마음이 편치 않았고 겁도 났다. 시어머니께 절을 하는데 이게 웬일인가. 아예 돌아앉으셔서 우리의 절을 받지 않으셨다. 평소 같았다면 눈물부터 펑펑 터뜨렸겠지만 꾹 참았다. 나는 친정부모님의 철없는 딸이 아니라 전씨 가문의 며느리가 되었기 때문이다.

"오늘 밤은 여기서 자고 가거라."고 말씀하셨지만 방은 두 개인데 시댁 식구들은 많고, 다음날에는 금호동의 짐을 인천으로 옮겨야 해서 그냥 나왔다. 시어머님이 많이 서운해하셨을 것이다. 그리고 곧장 금호동 친정집으로 향했다. 친정집에서 하루를 보낸 후 부모님께서 그동안 정성껏 마련해 주신 혼수를 트럭에 싣고 신혼집으로 향했다. 친정오빠 셋이 짐을 다 옮겨 주었다. 그런 후에 오빠들은 점심을 자장면으로 때운 후 떠났다. 남편도 집에 잠깐 다녀오겠다고 했다. 신혼집에 나 혼자 덩그러니 남으니 괜스레 눈물이 났다.

'이제부터 나는 남편만 바라보고 살아야 하는구나.'

내가 결혼했다는 것이 현실로 다가오는 순간이었다.

아기가 아기를 낳았구나!

나는 전도사 부인이라는 버거운 타이틀을 걸머졌다. 이것은 매일 새벽 4시에 기상해서 새벽 기도에 가야 한다는 것을 의미하기도 했다.

결혼 때문에 유치원을 관두었는데 다시 취직할 기회가 생겼다. 남편이 일하는 선교회 사무실에 계시는 최준옥 목사님께서 내가 결혼전에 했던 일이 무엇인지 아시고는 어린이집을 소개해 주셨다. 어린이집은 부개동에 있었는데 인천에서 그곳까지 출근하려면 시외버스를 타고 거의 한 시간을 가야 했다.

결혼한 지 얼마 안 되었을 때 인천항에 로고스호가 들어왔다. 선교라는 단어가 생소하기만 하던 그 시절, 로고스호는 나에게 신선한 충격을 주었다. 로고스호를 방문해 보니 세계 각국의 사람들이 있었다. 이제 내게 새로운 과제가 주어졌다. 만국공용어인 영어를 공부해야 했던 것이다. 그러나 남의 말을 배운다는 것이 마음대로 되지 않았다.

하루는 남편의 미국 친구가 방문했는데 남편이 집에 없다는 말을 할 수가 없었다. 그래서 무조건 "노우, 노우"만 반복했다. 남편이 있

그리스도는 살고 나는 죽는 이야기

는 사무실까지 데려다줄 때에도 손짓으로만 따라오라는 시늉을 하고 데려다준 적이 있다. 이것이 바로 외국인과 한 첫 번째 의사소통이었다. 로고스호가 떠나자 영어를 배우겠다는 열정도 스르르 사라졌다.

신혼생활이 순조롭지만은 않았다. 드디어 두 인격체가 갈등하기 시작했다. 갈등과 서운함은 아주 사소한 일에서부터 시작했다. 그날은 구역 예배에 가야 했는데 웬일인지 꼼짝하기가 싫었다. 그래서 아랫목에 누워만 있었다. 영문을 모르는 남편은 왜 아직도 누워 있느냐며 나에게 핀잔을 주었다. 그 말투와 행동에 나는 슬그머니 화가 났다. 남편은 내 말에 귀를 기울이지 않고 재촉만 했다. 결국 남편은 화를 내며 나갔다. 옆방 주인집이 들을까 봐 언성은 높이지 않았지만 서로 마음이 많이 상한 것은 분명했다. 남편은 다시 들어와서 나에게 함께 가자고 말했다. 그러나 나는 아무말도 안 하고 돌아누워 버렸다. 남편도 더 이상 권하지 않고 그날 저녁은 교회에서 철야를 하겠다며 나가 버렸다.

'아내가 아프다는데 어디가 아프냐고 물어보지도 않고 구역 예배에 가자는 말만 하다니….'

갑자기 그동안 알게 모르게 지나쳤던 섭섭함이 일시에 몰려들었다. 급기야 종이쪽지에 편지를 써놓고는 곧장 친정으로 갔다. 늦은 시간이라 자정 무렵에나 도착할 것 같았다. 그래도 다음날이 토요일이라 큰 부담은 없었다.

한밤중에 삼화고속 버스 막차를 타고 서울에 내렸다. 서울역에서도 다시 금호동 가는 막차를 탔다. 친정에 도착하니 불은 이미 다 꺼

전철한 목사와 어머니

져 있었다. 대문 벨을 누르자 식구들이 놀라 나왔다. 부모님께서도 많
이 놀라셨는지 자초지정을 말해 보라고 다그치셨다. 나는 그냥 태연
하게 대답했다.

"전 서방이 오늘 철야기도를 한다기에 엄마도 보고 싶고 해서 그냥
왔어."

하지만 아버지의 반응은 예상 외였다. 전 서방에게 말하지 않고 왔
으니 당장 돌아가라는 것이었다. 그러나 어머니는 이왕 왔으니 오늘
은 여기서 자고 아침을 먹고 내일 가라고 하셨다.

시간이 지나자 서서히 내가 한 행동에 대한 후회가 밀려왔다. 그런
데 문제는 돌아갈 차비가 없다는 것이었다. 집에는 돈이 없을 뿐더러

그리스도는 살고 나는 죽는 이야기

쌀도 떨어진 상태였다. 주일이 되어야 돈이 생기는데, 마지막으로 남은 돈은 이미 올 때 차비로 다 써 버렸다. 친정집 쌀통을 보니 쌀이 가득했다. 쌀통 스위치를 눌러 6인분을 봉투에 담았다. 그리고 그 쌀을 몰래 가방에 넣은 후 가사를 도와주시는 아주머니께 부탁해서 밑반찬도 조금 챙겼다. 그때 어머니께서는 차비에 보태라며 5백 원짜리 지폐 한 장을 손에 쥐어 주셨다.

"엄마, 나도 차비 있어."

얼떨결에 거짓말을 했다.

"그럼 그 돈으로 전 서방 생선 반찬이라도 해 줘라."

나는 못 이기는 척 돈을 받았다. 그런데 6살 난 조카 정훈이가 들어오더니 고모집에 따라가겠다고 졸랐다.(어른이 된 정훈이는 지금 방글라데시에서 선교하고 있다.) 토요일이라서 유치원에 안 가도 된다고 했다. 정훈이를 데리고 나서려니 이번에는 올케가 천 원짜리 지폐 한 장을 주는 것이 아닌가. 나는 고맙다고 하고 얼른 돈을 받아 넣었다.

혼자 집에 가는 것이 쑥스럽기도 하고 어색했는데 조카를 데리고 가니 한결 나아졌다. 집에 들어서니 주인집 아주머니가 말씀하셨다.

"아이쿠 새댁, 어디 갔다 왔어? 엊저녁 새댁이 나가고 신랑이 바로 들어왔더라고…. 그리고 지금도 방금 들어왔다가 나갔는데…."

남편이 왜 나가야 했는지는 나도 알고 있었다. 그날이 우리 교회 장로님 딸 결혼식이 있었기 때문이다. 서둘러 나가느라 선물도 못 챙겼을 거라는 생각에 근처 문구점에 가서 예쁜 앨범을 하나 샀다. 그리고 머리를 손질하고, 옷을 예쁘게 갈아입은 후 교회로 향했다. 그러나 남편이 있는 곳으로 선뜻 갈 수는 없었다. 결혼식만 얼른 참석하고 식이 끝나면 조카를 데리고 슬그머니 빠져나올 생각이었다. 그런데 막 나오려는 순간 권사님들의 눈에 띄고 말았다.

"사모님, 식사하고 가셔야지."

나는 권사님 손에 끌려 식당으로 향했다.

"사모님, 전도사님 저기 계시네."

그러나 남편 곁으로 가지 않고 한쪽에서 조용히 밥을 먹고 조카를 데리고 나왔다.

그날 우리 부부는 서로의 잘못을 말하면서 앞으로는 상대를 먼저 배려하자고 다짐했다. 그리고 기도한 후 평화롭게 잠자리에 들었다.

다음날, 동생이 대신 조카를 데리러 왔다. 그런데 어머니께서 아무래도 느낌이 이상하니 나를 데리고 산부인과에 가 보라고 말씀하셨다고 했다. 그날은 주일인데다가 나는 아무 이상 없으니 괜찮다고 말했다.

"언니가 혼자서는 절대 병원에 안 갈거니까 나보고 꼭 같이 가라고 했단 말이야."

"알았어. 그럼 내일 가까운 병원에 가 볼게."

동생과 조카를 보내고 곰곰이 생각해 보니 이상한 점이 하나둘 떠올랐다. 이유 없이 피곤하고, 맛있게 먹던 김치가 어느 날부터 싫어졌다.

다음날, 남편에게 병원에 함께 가 보자고 용기를 내서 말했다. 그러나 남편은 병원에 함께 가는 것이 쑥스러운지 나 혼자 다녀오라고

그리스도는 살고 나는 죽는 이야기

했다. 병원에 갔더니 임신이 확실하다고 했다. 그 말을 듣는 순간 기분이 묘했다. 엄청 기쁘다기보다는 조금은 실망되고, 심지어 부끄럽기도 하고, 신기하기도 했다.

'내가 벌써 엄마가 되다니….'

하나님께서 내게 새생명을 허락하신 것에 감사했다. 한편으로는 걱정이 되기도 했다. 아직 부모가 될 준비도 안 된 우리 부부가 아이를 잘 키울 수 있을까?

남편에게 임신 소식을 전하니 그런 줄도 모르고 나를 배려하지 못해서 미안하다고 했다. 남편은 입덧에 대해서도 잘 알지 못했다. 내가 한겨울에 냉면이 먹고 싶다고 하면 이상하게만 생각했다. 또 시장을 지나는 길에 번데기를 먹고 싶다고 하면 화를 냈다. 남편이 화를 내든 말든 나는 번데기를 꼭 먹어야겠다는 생각에 끝내 번데기를 사들고 집으로 왔다. 그러한 나를 보고 남편은 화가 났는지 한마디도 하지 않고 집으로 왔다. 둘 다 철없는 부부였다.

이듬해 여름인 1976년 8월 19일, 큰아들 진표가 태어났다. 임신 말기에 몸도 많이 붓고 임신중독기도 있었지만 몸무게 3.6킬로그램의 아기가 건강하게 태어났다. 그런데 막상 아기를 보니 실망이 좀 되었다. 얼굴도 못 생기고, 생긴 모습이 개구리처럼 길쭉하기만 했다. 그래도 아기가 마냥 신기했다. 병원을 찾아오신 아버지께서 이렇게 말씀하셨다.

"아기가 아기를 낳았구나."

그 후 나는 아기를 거의 울면서 키웠다. 한 여름이라 날씨가 더운

탓도 있었지만 아기 키우는 것이 그렇게 힘든지 몰랐다. 게다가 진표는 잦은 병치레를 했다. 진표의 백일 잔치에 손님을 자그마치 백 명이나 초대했다. 남편의 한 달 월급을 백일 잔치에 다 써 버렸다. 음식이야 푸짐하게 장만했지만 좁은 집이 문제였다. 다행히 주인집에서 장소를 빌려 주었다. 학장님, 미첼 교수님, 부르베이커 박사님, 목사님, 장로님, 할머니, 할아버지 등 많은 분이 오셔서 축하해 주시니 얼마나 기뻤는지 모른다. 마치 세상에서 나 혼자 아들을 낳은 기분이었다. 물론 나중에 시어머니께 꾸중을 들었지만 말이다.

이렇게 큰 축복을 받으며 자란 진표가 어느새 자라서 자신의 가정을 꾸렸다. 그리고 얼마 전 아기를 낳았다. 아들 내외와 손자를 보면서 '아마 애들도 예전의 내 심정과 같겠구나' 하고 생각했다.

아기는 어디에 두고 너희들만 왔냐?

1978년, 로고스호가 다시 왔다. 이번에는 남편이 로고스호에 타고 싶어 했다. 윗분들에게 말씀을 드리니 흔쾌히 허락하셨다. 남편은 가족이 함께 배를 타고 싶어 했고, 나도 같은 마음이었다. 그래서 하고 있던 일들을 정리한 후 여권이 나올 때까지 친정에 있었다. 1년 동안은 배에서 지낼 거라는 생각에 모든 짐을 부모님 사택으로 옮겼다. 그리고 그동안 갖고 있던 돈도 다 써 버렸다. 그런데 남편 여권만 나오고 나와 진표 여권은 나오지 않았다. 할 수 없이 남편만 보내고 나와

그리스도는 살고 나는 죽는 이야기

진표는 친정에서 생활했다.

남편은 영국에서 수련회를 마친 후, 로고스호에 승선한 후 10개월 간 10여 개국에서 사역하고 1979년에 돌아왔다. 남편이 로고스호에 있는 동안 내 유일한 기쁨은 편지를 쓰는 것이었다. 그리고 낮에는 유치원에서 일하고 저녁에는 서울신학대학교에서 공부했다. 그러다 보니 진표를 친정에 맡기고 아침 일찍 집을 나서면 밤 열한 시가 다 되어서야 귀가했다. 나는 진표에게 많이 미안했다. 친정에서 부모님의 사랑을 받으며 지내다 보니 내가 결혼한 것조차 잊을 정도였다.

지금도 웃음을 자아내는 에피소드가 있다. 그 당시 내 나이가 27세였는데 혼자 나가면 여전히 결혼한 티가 거의 나지 않았다. 그래서 학교에 가면 매일 내 자리를 맡아 주는 한 남학생이 있었다. 결혼 반지를 끼고 있었는데도 그 학생은 알지 못했던 것 같다. 어느 날 그분이 내게 라면을 같이 먹자고 했다. 나는 당황한 얼굴로 얼른 대답했다.

"저는 아기 엄마예요. 다른 사람과 드세요."

그러나 그는 피식 웃기만 하고 도통 내 말을 믿지 않는 기색이었다. 내가 거듭 말하니까 그제야 "죄송합니다."라며 돌아갔다.

그러고는 그때부터 내 자리를 맡아 주지 않았다.

드디어 남편이 돌아왔다. 얼굴은 새까맣게 그을렀고, 머리카락도 많이 자랐다. 게다가 어찌나 말랐던지 불쌍해 보였다. 며칠 쉬다가 교회에서 가까운 곳에 집을 얻었다. 전세 비용이 모자라서 친구에게 빌리고, 그동안 내가 모은 돈을 합했다.

그런데 그동안 시누이와 시동생이랑 함께 사시던 시어머니는 아들이 귀국하자 우리와 함께 사셨다. 시어머니뿐만 아니라 시누이까지 모셔야 할 형편이었다. 내가 큰며느리이니까 당연한 일이라고 생각했던지 친정에는 아무 말도 안하고 혼자 여러 가지 일들을 해결하느라 분주하게 돌아다녔다. 그 당시 내가 얼마나 애를 썼는지 아무도 모를 것이다. 새벽 기도를 마치고 오면 아침을 준비하고, 아침을 먹는 둥 마는 둥 하며 출근하고, 저녁에는 학교에 가고…. 그 와중에 둘째 아이를 임신했다. 그러나 몸이 많이 피곤했는지 유산하고 말았다.

그 후 다니던 직장을 관두었다. 그 대신 우리가 개척한 교회에 유치원을 열기로 했다. 작은 유치원은 동네의 큰 유치원에 밀려 운영하기가 힘들었다. 그러나 시누이와 힘을 합쳐 잘 해냈다. 남편이 돌아온 후 가정생활도 전처럼 안정되었다. 또 유치원 운영이 경제적으로도 도움이 되었다.

나는 다시 셋째 아이를 임신했다. 이번에도 유산될 수 있다고 해서 의사 말대로 아예 친정에서 한 달 이상을 머물렀다. 1980년 로고스호가 우리나라에 세 번째 왔고, 그때 셋째 광표가 태어났다. 광표를 낳은 지 열흘밖에 안 되었을 때 로고스호에서 초청장이 왔다. 로고스호가 부산에 있는 동안 승선해서 제주도에 들렀다가 집으로 돌아가라는 것이었다. 우리 부부는 아무 생각 없이 로고스호를 탈 수 있다는 사실만으로 기뻤다. 그래서 아기를 어머니께 맡기고 진표와 나는 남편이 있는 부산으로 내려가 로고스호에 탔다.

배에 두 주 정도 머물 예정이었기에 방 하나를 배정받았다. 남편과 나는 침대를 사용했고, 진표는 긴 소파에서 잤다. 혹시 자다가 떨어질까 봐 밤마다 소파 옆을 긴 널빤지로 막아 놓았다. 배에서의 모든 생활이 재미있었다. 다만 식사 시간이 제일 힘들었다. 왜냐하면 그날그날 차려 주는 대로 먹어야 했기 때문이다. 우리 가족은 손님으로서 승선했기에 하루 한 끼 정도는 나가서 사 먹을 수 있었고, 관광도 즐길 수 있었지만 원래 배에 타고 있는 사람들에게는 그런 자유가 없었다.

사실 출산 직후라서 몸이 힘들긴 했다. 계절이 여름인데다가 미역국도 먹지 않고 붓기도 안 빠져서 저녁마다 끙끙 앓았다. 그때마다 후회를 조금 하긴 했으나 선상생활이 재미있어 이를 강행했다. 마침 8월 19일 진표의 생일이 돌아왔는데 로고스호의 단장 부인인 론다가 진표가 생일인 것을 알고는 예쁜 토끼 모양의 케이크를 만들어 주었다. 그 덕분에 진표는 배에 타고 있던 아이들과 멋진 생일 파티를 할 수 있었다. 진표는 배에서 여러 나라 친구들을 만났고 다양한 장난감도 선물로 받았다.

'언젠가 우리도 이 배를 타고 싶다.'

그 사이 광표는 벌써 백일이 되었다. 광표는 우유를 먹으면 가끔 코로 토하곤 했는데 나는 대수롭지 않게 넘겼다. 백일 날도 아이는 건강해 보였고, 설사를 하긴 했지만 손님들을 접대하느라 바빠서 고모가 대신 병원에 데리고 갔다. 그런데 난데없이 광표의 심장이 이상하다고 했다. 다음날 소아과에 다시 가 보았다. 광표의 심장에 작은 구멍이 있는 것 같다고 했다. 그러나 크면 괜찮아질 수 있으니 조심하면 된다고 했다. 감기는 각별히 조심하라고 했다. 광표는 새벽 두 시경이면 매일 울고 보챘다. 그때마다 거실로 나와 아기를 등에 업어 재우곤

했다. 새벽마다 아이가 우니까 남편도 짜증을 내곤 했다. 광표에게 앞으로 어떤 일이 일어날지 알았더라면 어찌 짜증을 낼 수 있었을까.

이듬해 광표가 새벽 한 시쯤 경기를 일으켰다. 어찌나 무섭고 겁이 나던지 어머니를 깨워 아기를 업고 나왔다. 길에는 차가 많지 않았다. 마침 지나가던 정유트럭을 세워 인천기독병원으로 향했다. 진단해 보니 폐렴이라고 했다. 고열 때문에 옷을 다 벗기고 알코올로 몸을 식혔다. 그리고 심장 엑스레이를 찍었는데 심장에 있는 구멍 때문에 아기가 힘들어한다고 했다. 우리는 광표를 입원시키고 지켜보았다. 열이 떨어지자 아이의 상태가 조금 좋아진 듯했다. 그러나 오후 늦게 다시 경기를 일으켰다. 의사 선생님이 광표를 다른 병실로 옮겼다. 나는 복도에 앉아 간절히 기도했다.

꿈인지 생시인지 모르겠는데 광표가 아주 까맣게 변한 모습이 스쳐 지나갔다. 놀라 정신을 차리고 나니 눈물만 줄줄 흘렀다. 그러나 그 사실을 누구에게도 말할 수 없었다. 남편도 기도원에 가 있었다. 신유의 은사가 있는 권사님이 오셔서 광표를 위해 기도해 주셨다. 그랬더니 광표의 얼굴이 훤하게 변하면서 예쁜 얼굴이 되었다. 광표가 곧 나으려나 보다 생각했다. 밤이 되자 남편도 병원으로 왔다. 그런데 한밤중에 회진하시던 의사 선생님이 이 병원에서는 더 이상 할 수 있는 것이 없다고 했다. 혹시 서울대학교병원에 갈 수 있으면 마지막으로 한번 노력해 보라고 했다.

친정아버지께 전화를 걸어 서울대학교병원에 혹시 아는 의사 선생님이 없는지 물어보았다. 다행히 원목으로 계시는 목사님과 아버지가

그리스도는 살고 나는 죽는 이야기

인맥이 있어서 토요일이었지만 광표를 데려오라고 하셨다. 그런데 광표는 구급차를 탈 수가 없었다. 가는 도중에 어떤 일이 생길지 책임을 질 수 없다는 것이었다. 할 수 없이 개인 택시를 타고 가기로 했는데 함께 갈 의사 선생님이 필요했다. 마침 서울에 거주하시는 의사 선생님이 병원까지 동행해 주겠다고 했다. 간호사 한 분도 산소통을 챙기고 함께 갔다.

가는 도중 내내 눈물이 흘렀다. 광표가 너무 가여웠기 때문이다. 광표를 낳자마자 로고스호를 타고 제주도에 가고, 유치원 일로 분주해서 광표를 제대로 돌보지 못한 것이 후회되고 미안했다. 우리 광표를 고쳐 달라고 기도했지만 마음에 확신이 생기지 않았다.

토요일이었지만 의사 선생님들이 광표를 기다리고 있었다. 의사 선생님들은 즉시 광표의 척추에서 물을 뺐다. 광표가 작은 신음소리를 냈다. 아버지도 오셨다. 어린이 병동이 이미 다 차서 광표는 성인 남자 병동 2인실에 입원했다. 먼저 폐렴을 치료한 후 상태가 괜찮아지면 수술하기로 했다. 어머니께서 진표를 데리고 병원에 오셨다. 그러나 진표가 너무 어려서 병실에 들어올 수 없었다. 그런데 광표가 보고 싶었던 진표는 비상 계단을 통해 몰래 들어왔다. 결국 진표에게는 그것이 동생을 마지막으로 보는 시간이 되었다.

광표는 물 한 모금 마실 수 없어 목이 탈 대로 타 있었다. 그런데 엄마인 나는 무슨 생각에서인지 광표를 제쳐두고 옆 침대의 아저씨를 전도하는 데 몰두했다. 그 아저씨는 간경화로 입원해 있었다. 한때 교회를 다니다가 마음 상하는 일이 있어서 관두었다고 했다. 그 사이 광표가 작은 소리로 울었다. 무엇인가 먹고 싶어 하는 것 같았다. 의사 선생님께 말씀드렸더니 우유를 줘도 된다고 했다. 나는 기뻐하면서 남편에게 당장 분유랑 젖병을 챙겨 오라고 했다. 새벽 세 시 반쯤이었는데 남편도 너무 기뻤는지 우유를 한 병 가득 타 가져왔다. 광표가 눈을 뜨고 엄마를 바라보는 것만 해도 가슴이 벅찼다. 또 광표는 어찌나 힘차게 우유를 먹던지 눈 깜빡할 사이에 한 병을 다 먹었다. 그리고 광표는 하늘나라로 갔다.

이 모두가 눈 깜빡할 사이에 일어난 일이었다. 방금 전만 해도 그렇게 맛있게 우유를 먹던 아이의 호흡이 끊겼다는 것이 믿기지 않았다. 나는 조용히 병실에서 나와 공중전화로 아버지께 광표의 죽음을 알렸다. 눈물이 내내 흘렀다.

아버지가 곧 오셨고 광표는 영안실로 옮겨졌다. 그리고 남편과 나는 아버지와 함께 친정으로 왔다.

"더 이상 슬퍼하지 마라. 다윗 왕도 자신의 아들이 아플 때에는 금식하고 기도했지만 죽고 난 후에는 새 옷으로 갈아입고 음식을 먹지 않았더냐. 광표가 이 땅에 있을 때 부모로서 최선을 다했으면 됐고, 이제 하늘나라 주의 품에 있으니 슬퍼하지 말거라."

물론 맞는 말씀인 것은 알지만 자식 잃은 부모로서 어떻게 담담할 수 있겠는가.

집에 도착하니 어머니께서 물으셨다.

"아기는 어디에 두고 너희들만 왔냐?"

그리고 눈물을 흘리셨다.

그리스도는 살고 나는 죽는 이야기

광표의 죽음으로 우리 부부는 큰 교훈을 얻었다. 우리 부부는 다시 한 번 주님의 뜻을 헤아리게 되었다. 광표의 죽음이 아니었더라면 우리는 선교할 생각을 하지 않았을 것이다.

광표가 보챌 때마다 다독이며 불러 주던 찬송이 있다.

예수께로 가면 나는 기뻐요.
걱정 근심 없고 정말 즐거워.
예수께로 가면 맞아 주시고
나를 사랑하사 용서하셔요.
예수께로 가면 손을 붙잡고
어디서나 나를 인도하셔요.
예수께로 가면 나는 기뻐요.
나와 같은 아이 부르셨어요.

은표, 주님이 주신 귀한 선물

광표가 하늘나라로 간 이후 우리는 외항선교회에서 계속 일했다. 그러면서 오엠으로 가는 많은 선교사를 훈련시키고, 계속해서 들어오는 외항선원들을 전도했다. 그 사이 남편은 아시아연합신학원에서 공부했다. 학기가 거의 끝날 무렵, 남편은 계속 공부하고 싶어 했다. 이 무렵에 예쁜 아기 은표가 태어났다.

따뜻하고 화창한 봄날, 하나님께서 우리 부부에게 귀한 선물을 보내 주셨다. 아기를 한 번 잃은 경험이 있어서 은표에 대한 가족들의 관심과 사랑은 각별했다. 은표는 잔병치레 없이 건강하게 잘 자랐다. 그런데 돌이 지나고 6개월쯤 되었을 때 감기가 심해지면서 폐렴에 걸려 병원에 입원하게 되었다. 폐렴이라는 말에 온 가족이 화들짝 놀랐다. 다행히 은표는 열흘 정도 병원에 있다가 퇴원했다. 은표를 건강하게 키우겠다는 생각으로 한약을 먹였는데 어찌된 일인지 그 후부터 지금까지 은표는 추위를 전혀 타지 않는 대신 더위는 견디지 못한다. 여하튼 은표는 지금까지 건강하게 잘 지내고 있다. 물론 방황의 시기가 있었고, 큰 사고가 날 뻔한 때도 있었지만 은표의 길을 하나님께서 인도하실 거라는 믿음은 변함이 없다.

부모는 자식을 키우면서 훈련을 받는 것 같다. 자식을 통해 자신의 모습을 돌아보고 하나님 앞에 겸손해진다. 그래서 자식은 여러모로 하나님의 축복이고 선물이다. 내가 아이들을 키우면서 힘들 때마다 하나님께서 내게 말씀하신다.

Be still and know that I am God.
(너희는 가만히 있어 내가 하나님 됨을 알지라; 시편 46:10)

이 말씀을 붙들고 나는 지금도 잠잠히 기다린다.

그리스도는 살고 나는 죽는 이야기

남편이 하고 있던 공부를 마칠 때가 되자 조바심이 나기 시작했다. 앞으로 어떻게 해야 할지 확신이 서지 않았기 때문이다.

"이대로 계속 한국에 살 것인가? 목회를 할 것인가?"

그러나 남편은 목회보다 공부나 선교에 더 관심이 있었다. 그래서 이왕 공부를 시작했으니 미국으로 건너가 계속 공부하자고 했다.

마침 미국에 있는 한인 교회에서 부목사를 구한다는 소식을 듣고 이력서를 냈다. 그 교회 집사님이 오셔서 우리를 만나고 가셨는데 웬일인지 소식이 없었다. 우리는 미국에 가게 될 것 같다는 생각에 집도 팔고, 인천외항선교회도 관두기로 했는데 상황이 우리의 계획과는 다르게 펼쳐졌다.

"지금은 아직 주님의 때가 아닌 것 같아."

그리고 우리는 기도하면서 주님의 뜻을 물었다.

어느 날 남편은 숭의감리교회 철야 예배 때 간증해 줄 것을 부탁받았다. 남편은 교회로 가고, 나는 아이들과 집에서 기도하고 있었다. 그런데 주께서 내게 커다란 세계지도를 보여 주셨다. 꿈이라기에는 너무도 생생했다. 남편이 집에 돌아오자마자 나는 그 이야기를 했다. 내 말을 듣고 난 남편은 이렇게 말했다.

"그럼 둘로스호에 편지를 보내 봅시다. 우리 가족을 소개하고 만일 둘로스호에서 우리를 필요로 하면 초청장을 보내 달라고 합시다."

편지를 보냈지만 한 달이 지나도 답장은 오지 않았다. 다시금 초조

해지고 조바심이 나면서 이것도 주님의 뜻이 아니면 다른 선교 단체를 알아 봐야 하나 생각했다. 그 당시만 해도 선교라는 말은 낯선 것이었고, 해외로 선교를 나간다는 것도 쉽지 않았다. 성탄절 무렵 외항선교회에서 파티하고 있을 때 편지가 한 장 왔다. 둘로스호에서 우리 가족을 초청한다는 내용이 담긴 편지였다. 단장인 알엔 아담의 가족이 휴가 중이어서 답장이 늦었으니 준비가 되는 대로 오라고 했다.

그런데 이 사실을 시어머님께 어떻게 말씀드려야 할지 고민되었다. 사실 시어머님은 우리가 집을 팔 때부터 무척 서운해하셨다. 그러나 시어머님도 함께 미국에 갈 것이라는 사실을 알고 그날만을 기다리고 계셨던 것이다. 나는 차마 그 말을 전하지 못하겠다고 하니 남편은 걱정하지 말라고 했다. 남편은 어머니께서 새벽 기도에 다녀오시자마자 방에 들어가 자초지정을 설명했다. 그러자 어머니는 통곡하셨다. 같은 여자로서 나는 어머니가 왜 그러시는지 그 이유를 잘 알 것 같았다. 아들과 며느리는 둘째 치고라도 핏덩이 때부터 길러온 은표와 떨어지는 것이 힘드셨을 것이다.

양가 어머니 때문에 마음은 아팠지만 우리는 둘로스호에 승선하기 위한 준비로 분주했다. 비자가 나오자 그동안 사용하던 가재도구들은 필요한 사람들에게 나누어 주었다. 삼촌에게 남은 일들을 부탁하고, 간단한 짐만 챙겨 둘로스호가 있는 영국행 항공권을 구입했다. 마음을 정하고 나니 시간이 너무 빨리 갔다. 그러고 나니 외항선교회에서 우리를 위해 선교사 파송 예배를 한다고 했다. 그래서 우리 가족은 마침 우간다로 선교를 떠나시는 김정윤 선교사님, 최은미 자매 그리고 동료 사역자들과 함께 예배를 드렸다. 그리고 곽선희 목사님께서 파송 설교를 해 주셨다.

공항에 도착하니 많은 분이 우리를 배웅해 주려고 미리 나와 계셨다. 우리 가족은 우리를 진심으로 사랑해 주시는 분들과 일일이 인사를 나누었다. 그리고 둘로스호까지 동행할 은미 자매와 함께 탑승실로 들어갔다. 아이들은 곧 비행기를 탈 생각에 신이 나 있었다. 들떠 있는 아이들을 보니 내 기분도 좋아졌다.

영국으로 가기 전에 일본에 계시는 친정아버지를 뵙기로 했다. 아버지는 동경에 계시는 어느 장로님의 부탁으로 그곳에 교회를 개척하셨다. 1980년, 진표를 어머니께 맡기고 남편과 함께 일본에 간 적이 있다. 그때는 여행으로 갔기 때문에 기차를 타고 부산에 가서 시모노세키까지 배를 타고 갔고, 또 거기에서 신간생(고속철도)을 타고 동경까지 갔었다.

나리타공항에 도착하니 아버지께서 우리를 마중 나와 계셨다. 우리 짐은 집으로 배송해 달라고 부탁하고 아버지와 함께 기차를 탔다. 한 시간 이상을 가서야 동경 변두리 동네에 도착했다. 교회는 지하 건물이었는데 아담했다. 아버지는 이곳이 목회하면서 혼자 지내기에 큰 불편이 없다고 하셨다.

아버지와 함께 슈퍼마켓에 갔다. 진표가 늘 아프리카에 가면 바나나를 실컷 먹고 싶다고 했었는데, 아버지는 원없이 먹어 보라고 진표에게 바나나를 잔뜩 사 주셨다. 봉지를 풀자마자 진표와 은미 자매가 정신없이 바나나를 먹었다. 그날 이후 진표는 바나나를 그리 좋아 하지 않게 되었다.

아버지와는 이틀간이라는 짧은 시간을 보낸 뒤 다시 공항으로 갔다. 아버지께서 우리를 위해 기도해 주신 후에 서로 작별 인사를 했다.

"성옥아, 남편 내조 잘하고 이 아이들 잘 돌봐라. 전 목사는 네 내조에 달려 있다." 아버지는 이 말씀을 하시며 나를 꼭 안아 주셨다. 그때의 말씀이 아직도 내 귀에 쟁쟁하다.

영어로만 이야기해야 해?

비행기를 다시 타니 아이들은 좋아했다. 그런데 진표가 걱정스러운 표정으로 물었다.

"엄마, 우리 둘로스 배에 타면 영어로만 이야기해야 해?"

그 말을 들으니 나도 은근히 걱정되었다. 진표는 한국에서 챙겨온 영어 카드를 보면서 비행기 안에서 열심히 알파벳을 외웠다.

앵커리지에서 급유를 해야 하기 때문에 비행기에서 내려 공항 안에서 약 2시간 정도 쉬었다. 커다란 박제 곰이 있어 그 옆에서 사진도 찍으며 있다 보니 어느새 탑승 시간이 되었다.

드디어 영국 히드로공항에 내렸다. 3월 달인데 창밖으로 보이는 풍경이 춥게 느껴졌다. 말로만 듣던 영국은 과연 어떨지 기대가 되었다. 영국에 오면 말끔한 정장 차림의 백인 신사들과 아름다운 백인 아가

그리스도는 살고 나는 죽는 이야기

씨들을 볼 줄 알았는데 공항 안에는 머리에 터번을 두른 사람들이 들끓었다. 대합실이고 화장실이고 온통 이들이 차지하고 있었다.

한 시간을 공항에서 기다렸는데 오엠 선교사님을 만날 수 없었다. 남편이 사무실에 전화했더니 차는 이미 출발했다고 했다. 잠시 후 어느 분이 다가와서 우리에게 데이비드 가족이냐고 물었다. 그렇다고 했더니 우리에게 미안하다고 사과했다. 자기도 이곳에 온 지 일주일밖에 안 되어서 길이 서툴러 헤매다가 늦었다고 했다. 우리는 오엠 밴을 타고 런던 외곽에 있는 게스트 하우스로 향했다. 오엠 밴에는 히터가 없었다. 가는 내내 은표는 "추워, 추워." 하면서 칭얼거렸다. 춥기는 어른도 마찬가지였다. 마침 차 안에 담요가 있어서 그것을 덮었다. 밴을 타고 한 시간 정도 가다 보니 게스트 하우스가 있는 브롬리에 도착했다.

게스트 하우스에 도착하니 노부부께서 우리를 반갑게 맞아 주셨다. 전형적인 영국 집이어서 마당이 넓었다. 정원에는 수선화가 아주 아름답게 피어 있었다. 할머니께서 저녁 식사를 준비하시는 동안 우리는 2층에 마련된 방으로 가서 샤워했다. 할머니께서 준비하신 스프와 감자, 고기 요리가 아주 맛있었다. 식사 후 진표는 바이올린 연주를 했다. 우리 아이 둘 모두가 파마를 해서 더욱더 귀여워 보였다. 그날 밤은 아주 편하게 잠자리에 들었다. 다음날은 선덜랜드로 향하게 된다.

차창 밖으로 보이는 런던 외곽의 집들이 참 아름다웠다. 아파트가 즐비하고 녹지가 부족한 우리나라와는 사뭇 대조적이다. 선덜랜드로 가는 길은 곧 새로운 세계로 향하는 길이다. 그리고 새로운 시작이다. 21세기의 아브라함이 되어 주님이 이끄시는 대로 순종하며 가리라.

저녁 어두울 무렵이 되어서야 버스 터미널에 도착했다.

그리스도는 살고 나는 죽는 이야기

2장

둘로스,
물 위를 떠다니는
작은 마을

나는 두 아이의 엄마입니다

우리 가족이 둘로스호에 오르기까지는 우여곡절이 많았다. 막상 배를 타고 나니 가슴이 설레였다. 앞으로 우리 가족은 둘로스호에서 2년간 지낼 것이다. 터미널에 도착하자 둘로스호 선교사님이 우리를 반갑게 맞아 주셨다. 마침 우리가 배에 오른 날이 "국제의 밤"의 날이었다. 그래서 배 안은 조용하고 한국 사람도 눈에 띄지 않았다. 우리는 방 둘에 화장실이 하나 딸려 있는 방을 배정받았다. 바로 옆이 엔진실이다 보니 소음이 많이 났다. 그러나 네 식구가 생활하는 데는 큰 불편이 없어 보였다.

우리 가족을 환영한다는 플래카드가 방문에 붙어 있었다. 이것을 보는 순간 우리는 격려가 되고 안심이 되었다. 모든 것이 낯선 곳에서 우리를 반겨 주는 이들이 있는 것 같았기 때문이다. 짐을 대충 풀고 나니, 우리가 저녁을 먹지 못한 것을 알고 한국인 자매들이 국제의 밤에서 챙겨 온 빵과 치즈, 잼을 주었다. 우리 부부는 그것으로 요기를 했으나 진표와 은표는 먹지 않았다.

그날 저녁 한국 사람들이 하나둘 우리 방에 찾아왔다. 전부터 알고 지내던 반가운 얼굴들이었다. 긴 이야기를 나누고 싶었지만 규칙상 오래 머물지 못했다. 다음날을 기약하고 모두 떠났다. 둘로스호에서 보낸 첫날 밤, 왠지 잠이 잘 오지 않을 것 같았다. 아이들은 이층 침대를 사용했다. 그동안 엄마, 아빠와 함께 자던 은표가 형과 함께 군소리 없이 잤다. 진표가 위층을 사용했는데 거기서 자는 것을 즐거워하며 잠이 들었다. 아이들이 잠든 것을 확인한 후 우리 부부는 주님께 감사기도를 올려 드렸다. 그리고 새로운 침대에서 잠을 청했다. 방바닥에서만 자다가 침대에서 자려니까 잠이 잘 오지 않았다. 그날 밤이 어떻게 지났는지 모르겠다.

다음날 아침, 아이들은 일찍 일어나 우리 방으로 왔다. 아이들이 윙윙 거리는 소리에 잠을 못 잔 것은 아닌가 생각했는데 다행히 잘 잔 것 같았다. 아이들은 새로운 생활에 대한 호기심으로 그득했고, 제법 의젓하게 행동했다.

은표는 배가 고프다고 했다. 한국 자매 한 명이 우리는 앞으로 배에서 정한 시간표대로 생활해야 한다고 전해 주었다. 우리는 아침 7시 30분이면 식당으로 가야 했다. 아침 시간에 한국 사람인 봉희 언니가 우리 방으로 와서 첫날에 해야 할 일들을 가르쳐 주었다. 식당에는 "JUN'S family"라는 이름이 표시된 우리 가족 전용 식탁이 마련되어 있었다.

오가는 사람들이 아침 인사를 하면서 우리를 환영해 주었다. 배가 고프다는 은표는 기대에 부풀어 식당에 왔다가 우유와 시리얼 그리고 빵과 잼이 아침 식사의 전부인 것을 알고 실망한 눈치였다. 그리고 밥과 된장국을 달라고 했다. 은표가 할머니와 함께 늘 먹던 음식을 찾는 것이었다. 어린 은표에게 이 모든 상황을 어떻게 설명해야 할지 막막했다.

"은표야, 이 우유가 국이고 시리얼이 밥이야. 한번 먹어 보자."

은표는 칭얼거리면서도 배가 고프니까 조금 먹는 듯하다가 다시

그리스도는 살고 나는 죽는 이야기

"밥이 먹고 싶어."라고 말했다. 다행이 진표는 상황을 파악하고는 빵을 조금 먹다가 배가 안 고프다며 더 이상 먹지 않았다. 우유를 한 잔이라도 먹이려 했으나 우유가 맛이 없다며 안 먹었다. 배에서 먹는 우유는 일반 우유가 아니라 가루우유를 물에 탄 것이었다. 그러나 시간이 갈수록 그 우유도 익숙해지고 맛이 느껴지니 감사할 따름이었다.

아침 식사가 끝나면 메인 라운지에서 경건의 시간을 가졌다. 경건의 시간이 끝나면 아이들은 학교 갈 준비를 하고 어른들은 하루 일과를 시작한다. 오늘은 경건의 시간에 가족 소개가 있다고 했다. 드디어 올 것이 오고 말았다. 그동안 걱정하던 언어 문제가 현실로 다가온 것이다. 남편이야 걱정이 없겠지만 나는 겁에 잔뜩 질려 있었다. 예배를 드린 후에 단장님이 우리 가족을 앞으로 불렀다. 40여 개 국가에서 온 3백 명이 넘는 사람들 앞에 서니 한국말도 잘 안 나올 것 같았다. 그런데 영어로 인사해야 한다고 생각하니 앞이 더 깜깜했다.

나는 용기를 내서 간신히 내 이름을 말한 뒤 "나는 두 아이의 엄마입니다."라고 말했다.

그랬더니 사람들이 막 웃었다.

'아차, 아이 둘을 세워 놓고 두 아이의 엄마라고 말하니 웃는 게 당연하지.'

언어에는 문화가 담겨 있어서 한국식 사고 방식에 익숙한 나로서는 표현 방법도 한국식이었다. 내가 소개하는 말만 들어도 그들은 내 영어 실력을 충분히 가늠할 수 있었을 것이다. 어쨌든 둘로스호에서 생활하는 한 언어 문제는 늘 따라다닐 것이 분명했다.

점심은 좀 괜찮을까 기대했다. 다행히 먹을 만했다. 아이들도 배가 고프니 군소리 없이 먹었다. 밥이라고 해도 쌀 자체가 다르니 한국에서 먹는 밥과 차이가 많이 났다. 한국 선교사님이 귀띔해 준 대로 고추장을 가져오기를 잘했다는 생각이 들었다. 고추장에 밥을 비벼서 스튜랑 먹으니 속도 편하고 맛있었다.

'그래, 겁낼 것 없어. 이렇게 헤쳐 나가는 거야.'

갑자기 마음이 뿌듯해졌다. 아침에 은표가 밥이랑 국을 찾아서 마음이 안 좋았는데 기분이 한결 나아졌다.

선상생활을 익히도록 당분간 우리 가족은 아무 일도 안 해도 되었다. 그냥 쉬면서 배를 여기저기 둘러보았다.

둘로스호가 여러 차례 한국을 방문했기에 사람들에게 많이 알려지기는 했지만 혹 모르는 분을 위해 간략히 소개하겠다. 사람들은 대부분 둘로스호의 제1목적이 많은 영혼을 주님께로 인도하는 일이라고 생각할 것이다. 그러나 2년간 둘로스호에서 생활하면서 영혼 구원보다 중요한 것이 있다는 것을 깨달았다. 그것은 더불어 사는 것과 나를 내어 주는 연습이다. 즉 공동생활을 통해 다른 사람을 배려하는 방법을 배우는 것이다. 배는 작은 공동체이고, 작은 마을과 같다. 배 안에는 우리가 살아가는 데 필요한 것들이 거의 다 있다. 그 가운데 몇 가지를 추려 보았다.

미니 학교 폭댁

우리가 배에 탔을 때 아이들의 수가 가장 많았다

그리스도는 살고 나는 죽는 이야기

고 한다. 총 28명이었다. 어린아이들에게는 일종의 보육원(Nursery)
이 있다. 이를 '푸댁'이라고도 부른다. 푸댁에는 모두 16명의 아이들
이 있었다. 젊은 부부가 배에 많이 타고 있어서 두 살, 세 살, 네 살 아
이들이 꽤 많이 있었다. 전문교육을 받은 교사들이 아이들에게 공부
를 가르치고 놀이도 함께했다. 우리 은표는 2년 동안 매일 이곳을 다
녔다. 오전 8시에 가서 낮 12시에 돌아왔다. 아이들이 이곳에 있는 동
안 엄마들은 집안일을 할 시간을 얻는다.

　은표는 카알리, 데안 알렉스와 친구가 되었다. 그 가운데 단짝친구
는 카알리였다. 둘은 소꿉놀이를 하면서 한두 시간 동안 조용히 놀곤
했다. 워낙 조용히 놀기 때문에 이따금 그 애들이 있다는 사실조차 잊

을 때가 있다. 은표는 '푸댁'을 통해 언어와 사회성을 배웠다.

미니 초등학교

진표가 다니던 학교에는 한 반에 다섯 명이 있었다. 다섯 명 가운데 호주에서 온 아이가 셋 그리고 한국과 미국에서 온 아이가 각각 한 명씩이었다. 반이 하나 더 있었는데 그 반에는 진표보다 어린아이가 네 명이나 있었다.

선생님은 두 분이 계셨는데 영국에서 교사로 재직하다가 둘로스호에서 사역하시는 분들이었다. 진표는 이곳에서 영어를 배웠다. 어찌나 잘 배웠는지 2년간 둘로스호 사역을 마치고 남아공에 정착할 때 자기 나이에 맞는 학년에서 학교 생활을 했다. 진표는 성격이 예민해서 처음에는 학교에 적응하기가 힘들었다. 하루는 진표가 학교에 가자마자 집으로 다시 돌아왔다. 알고 보니 학교 선생님이 진표를 격려해 주고 싶어서 몇몇 물건을 가져오라고 시켰는데, 그 가운데 한 가지를 잘못 알아듣고 엉뚱한 물건을 가져온 것이다. 그 모습을 보고 반 아이들은 크게 웃었고, 그렇지 않아도 긴장되는데 아이들이 웃어대니 진표는 창피해서 집으로 온 것이다. 나는 진표의 마음을 충분히 이해할 수 있었다. 그래서 진표를 끌어안고 같이 울다가 곧 울음을 멈추고 진표를 격려했다.

"진표야, 오늘과 같은 일이 앞으로도 종종 있을 거야. 그래도 참고 하다 보면 언젠가는 잘할 수 있단다. 그 아이들은 모두 영어권 나라에서 왔잖아. 너는 이제 영어를 막 배우는 단계니까 당연히 실수할 수

그리스도는 살고 나는 죽는 이야기

큰아이 진표가 수업하는 모습

있어. 그 대신 그 아이들은 한국말을 전혀 모르잖니. 그러니까 네가 그 애들보다 훨씬 나은 거야."

진표는 내 이야기를 충분히 듣고는 학교로 돌아갔다.

이처럼 우리 가족은 둘로스호 생활을 통해 영어를 훈련하고, 각 나라의 문화도 배웠다. 무엇보다 자신을 죽이는 연습을 했다. 둘로스 학교는 산 교육을 직접 체험할 수 있는 좋은 곳이다. 배가 머무는 항구와 나라마다 그곳의 유적지와 명소를 직접 방문했고, 돌아와서는 항구 일기를 썼다. 배로 방문했던 곳은 그림 엽서나 사진을 스크랩해 두었다. 그래서 진표는 어릴 때부터 세계 각 나라에 대해 아는 것이 많았다. 둘로스호는 우리 진표에게 살아 숨쉬는 학교였다.

우체국

둘로스호 우체국은 마치 "해리포터"에 등장하는 부엉이와 같다. 기쁜 소식과 슬픈 소식이 모두 이곳을 통해 전해지기 때문이다. 컴퓨터가 없던 시절이라서 모든 통신은 무전이나 전화 그리고 편지로 이루어진다. 독일 본부 주소를 공동주소로 사용하고, 그곳에 도착한 우편물은 우편 또는 인편을 통해 둘로스호에 전해진다. 둘로스 우체국에는 각자의 메일 박스가 있다. 우편물을 보낼 때에는 공동박스에 넣고, 찾을 때에는 각자의 이름이 명시된 박스에서 꺼내 간다. 우리 가족 역시 메일 박스에 담겨 있을 온갖 소식을 두근거리며 기다리곤 했다.

병원

병원이야말로 없어서는 안 되는 곳이다. 둘로스호의 의사들은 대략 6개월씩 머물다가 떠난다. 나도 정기검진을 하려고 배 안의 병원에 간 적이 있다. 배가 아프리카를 항해할 때 두 사람이 출산했다. 한 사람은 캐나다인이고 또 한 사람은 독일인이다. 아프리카에 있는 병원이 많이 낙후되다 보니 뭍에서 출산하는 것보다는 둘로스호 병원이 더 안전했다.

나도 출산한 산모들에게 문안을 갔다. 그런데 서양인들은 한국인들과 많이 달랐다. 한국에서는 아이를 낳으면 찬 음식은 아예 못 먹게 하는데 이들은 달랐다. 제일 먹고 싶은 것이 무엇인지 독일인 티나에게 물었더니 얼음과 아이스크림이라고 했다.

그리스도는 살고 나는 죽는 이야기

"그렇게 찬 것은 안 돼!"

나는 놀라서 이렇게 말했다.

"괜찮아 성옥, 난 정말 아이스크림이 먹고 싶어."

할 수 없이 나는 아이스크림을 가져다주었다.

캐나다인 산모에게는 한국 산모에 대해 이야기해 주었다.

"우리는 한 달 동안 미역국을 먹어."

"나도 먹어 보고 싶어."

마침 내가 아끼던 미역이 있어서 그것으로 미역국을 끓여 주었더니 아주 맛있게 먹었다. 그러나 한 달 동안 먹으라면 못 먹을 것 같다고 했다. 더욱더 놀란 사실은 산모가 아이를 낳고 사흘 정도만 입원실에서 산후조리를 하면 곧장 일상으로 돌아와 일을 한다는 것이었다.

배가 남아프리카 더반에 있을 때였다. 나는 배에 있는 상점에서 일하고 있었는데 함께 일하던 강도사 사모인 디모데 엄마가 보이지 않는 것이었다. 웬일인가 해서 연락했더니 강도사님이 전화를 받으시며 디모데를 막 재우고 있어서 통화할 수 없다고 했다.

그런데 또다시 전화를 걸었을 때 사고가 발생했다. 전화를 받기 위해 급히 침대에서 내려오다가 그만 나무 막대에 주저앉아 하혈한 것이다. 그 송판은 디모데가 자다가 침대에서 떨어지지 않게 침대 옆에 끼워 놓은 것이었다. 송판을 끼워 놓았을 때에는 침대 옆 의자를 딛고 내려와야 하는데 깜빡하고 그냥 넘어오다가 사고가 난 것이다.

전화도 안 받고 이상해서 직접 가 보았다. 화장실에 인기척이 있기에 들어가 보니 디모데 엄마가 고통스러워하고 있었다.

"병원에 가자."

"총각 의사인데 어떻게 가요?"

병원에 절대 안 가겠다고 고집을 부리는 바람에 나는 얼른 병원으로 달려가서 의사를 데리고 왔다. 의사가 깜짝 놀라며 왜 이렇게 늦게 알렸냐고 하면서 구급차를 부르고 난리가 났다. 그 당시 남아공은 인종차별이 어찌나 심했던지 한국인 환자를 어느 병원으로 데리고 가야 할지 몰라 우왕좌왕했다. 결국 유색인종 병원으로 데리고 갔다. 그런데 디모데 엄마 피부가 한국인치고는 꽤 희었기 때문에 피부색으로만 따진다면 백인 병원에 가야 마땅했다. 그러나 한국인이라는 이유 때문에 어쩔 수 없었다.

나는 둘로스호 병원 의사 제프와 함께 병원에 갔다. 제프는 남아공의 인종차별에 대해 불만을 표했다. 디모데 엄마는 여성의 주요한 질 부분이 파열되어 수술해야 했다. 크리스천 백인 의사와 둘로스호의 의사가 함께 수술을 집도했다. 하혈이 시작한 후 시간이 많이 경과되어 염려했는데 다행히 수술이 잘 끝났다. 디모데 엄마는 병원 회복실에 하루만 머물고 배로 옮겨 며칠 간 치료를 받았다. 물론 제프가 보살폈다. 이렇게 친절하고 유능한 의사를 총각이라는 이유로 꺼려 했으니 이것 역시 한국인 특유의 사고 방식 때문이었을 것이다.

이처럼 둘로스호의 병원은 많은 사람을 치료하고, 생명을 구하는 일을 한다. 정말 고마운 곳이다.

그리스도는 살고 나는 죽는 이야기

둘로스 배에서 아주 중요한 일을 담당하는 곳이다. 우리가 입은 옷을 빨아 주는 곳이기 때문이다. 우리가 한국에 있을 때부터 그곳에 가면 모든 옷에 우리 가족의 옷이라는 표시가 있어야 한다는 정보를 듣고, 가기 전에 웬만한 옷에 모두 표시했다. 우리 가족의 옷이라는 표시는 영어로 "베이비디어"였다. 이렇게 표시해야 하는 이유는 세탁물이 섞이지 않게 하기 위해서였다.

빨래는 세탁장에서만 해야 한다. 가족과 싱글 그리고 엔진실에서 일하는 사람들의 세탁 날짜가 다 정해져 있다. 우리 가족은 화요일과 목요일에 이용할 수 있었다. 세탁장에 빨래를 갖다 놓고 저녁 식사가 끝나면 찾아왔다. "베이비디어전"이라고 표시된 선반에는 반드시 다 갠 세탁물이 놓여 있다. 얼마나 고맙고 감사한지 모른다. 그러나 종종 이름표가 떨어져 나가면 웃지 못할 해프닝이 벌어진다. 이름표가 떨어진 옷은 주인을 알 수 없기 때문에 유실물 보관함에 넣는다. 그래서 옷이 없어지면 그곳에 가서 찾으면 된다.

그러나 아무도 찾아가지 않는 옷들은 "찰리"라는 방으로 옮겨지는데 이곳에 있는 옷은 누구나 가져다가 입을 수 있다.

남편 옷을 잃어버린 적이 있는데 어느 날 말레이시아 아가씨가 입고 있는 것을 발견했다. 마침 자주색이라 여자가 입어도 잘 어울렸다. 남편은 그냥 웃기만 하고 집에 와서 그 이야기를 해 주었다.

베이커리

　　　　빵은 곧 밥이다. 하루라도 빵이 없으면 살 수 없다. 둘로스호의 모든 사람을 먹여 살리는 곳이 바로 둘로스 베이커리이다. 여기서는 매일 빵을 만든다. 오늘날 웰빙 빵으로 불리는 통밀빵이다. 하얀 밀가루가 아니라 기울을 제거하지 않고 빻은 밀로 만든 아주 맛있는 빵이다. 베이커리가 우리가 있는 방에서 가까웠기 때문에 자주 지나갔는데 그때마다 독일계 젊은이 둘이 열심히 빵을 만드는 것이 보였다. 게다가 코를 자극하는, 맛있는 빵 굽는 냄새가 나를 사로잡곤 했다.

　어릴 때부터 빵을 유난히 좋아했던 나는, 하루라도 빵을 안 먹으면 견디지 못할 정도였다. 나도 한두 번 베이커리 자원봉사를 한 적이 있다. 빵 반죽을 일정한 크기로 자르는 일이었다. 일일이 저울에 단 후 잘라야 했다. 쉬운 일 같아 보이지만 결코 쉽지 않았다. 베이커리 역시 둘로스호에서 없어서는 안 될 곳이다.

갤리(Galley: 일종의 주방)

　　　　우리나라는 부엌의 주인이 대개 여자이다. 그런데 둘로스호 갤리에는 주방장부터 모두 남자이다. 주방장만 빼고 배 안에 있는 남자들이 적어도 한 번씩은 갤리에서 일해야 한다.

　한국에서 온 목사님들도 예외가 아니다. 처음 배를 탄 후 6개월 동안은 돌아가면서 일해야 한다. 300명이 넘는 사람이 하루 세끼를 꼬박꼬박 먹어야 하니, 할 일이 얼마나 많겠는가? 하다못해 감자 깎는

　　　　　　　　　　　　그리스도는 살고 나는 죽는 이야기

일만 해도 어마어마하다. 그 어떤 사역보다 위대한 일은 식당 사역이다. 그런데 그때는 왜 그 모든 것을 당연하게 여겼는지 지금 생각하니 부끄럽다. 늦었지만 그때 수고해 주신 모든 분께 감사드린다.

나도 갤리에서 한국인들과 함께 저녁을 준비한 적이 있다. 배가 라스팔마스에 도착했을 때였는데 한국 부식을 많이 얻게 되었다. 그래서 그날 저녁은 한국 음식을 선보이기로 했다. 우리는 한국인과 함께 밥과 잡채, 불고기, 생선 튀김, 단무지 등을 준비했다. 그런데 해 놓고 보니 밥이 떡이 되었다. 잡채를 볶는 팬이 어찌나 크던지 큰 부삽 같은 것으로 남자 선교사님 둘이 양파를 볶았다. 단 한 번이었는데도 너무 힘들었다. 그런데 매일 이 일을 하시는 분들은 얼마나 힘이 들까? 갤리에 딸려 있는 '팬트리'(pantry; 배나 비행기의 조리실 같은 곳)에서는 설거지를 했다. 설거지는 자매들이 주로 맡았는데 그릇의 양이 어마어마하다.

설거지뿐이랴 테이블에 음식을 차리는 일도 만만치 않다. 한국의 자매들은 하루에도 몇 번씩 우리 방에 찾아와서 하소연했다. 식탁 봉사가 너무 힘들다는 것이다. 한국인들은 서양인들보다 체력이 약해서 더욱더 힘들었을 것이다.

그 누구도 귀하지 않은 사람이 없듯이 둘로스호에 있는 모든 부서가 소중하다. 둘로스 배야말로 그리스도의 지체와 같다.

상점

둘로스 배에서 생활한 지 한 달쯤 되었을 때 단장

의 아내 론다가 찾아왔다.

"배에 대해 파악이 되셨지요? 이제는 적당한 일터를 골라야 해요."

론다가 제시한 일터는 바버(미용), 찰리(헌옷 정리) 그리고 숍(상점)이었다. 머리를 자르는 일은 전문성이 필요한데 왜 나에게 그런 제안을 했는지 궁금했다. 아마 내가 남편과 아이들의 머리를 깎아 주면서 몇몇 사람의 머리도 깎아 줘서 그런가 보다.

"식구들의 머리는 깎아 보았지만 다른 사람들의 머리는 자신이 없어요."

아무래도 상점에서 물건을 파는 것이 제일 나을 듯했다. 언어가 문제이긴 했지만 말이다. 그러나 일단 부딪쳐 보자는 생각으로 상점에서 일하겠다고 대답했다.

상점은 일주일에 두 번, 단 한 시간 동안만 열린다. 주로 치즈, 밀가루, 설탕을 파는데 이따금 캔디와 초콜릿도 판다. 비누, 치약, 칫솔, 머리빗과 같은 생활용품은 팔지 않고 그냥 준다.(장기간 배를 타는 선교사님과 가족에게는 한 달에 한 번 용돈이 지급된다. 한 사람당 10달러를 기본으로 하고 가족 수당으로 4달러씩 더 준다. 우리 가족은 넷이기 때문에 모두 56달러를 받았다.)

살림을 맡은 마일스에게 열쇠를 받은 후 상점에 있는 물건 이름을 외우기 시작했다. 그리고 혼자 소리 내어 발음 연습도 해 보았다. 막상 해 보니 상점일이 잘 맞는 것 같았다. 게다가 영어를 현장에서 배울 수 있어서 좋았다. 물론 일을 마치고 나면 머리도 지끈거리고, 온몸이 아프기도 했다. 그러나 이 일을 하기를 잘했다는 생각이 들

그리스도는 살고 나는 죽는 이야기

었다.

우리 배의 일등 항해사 부인은 호주 사람이다. 이 부인은 평소에도 아이들이 많아서인지 조금은 수다스러웠다. 그녀의 이름은 "수"(Sue)였다. 그날도 수는 평소처럼 상점에 와서 줄을 서서 기다리다가 자기 차례가 되자 나에게 상냥히 인사를 건넸다. 나도 인사를 하고 "무엇을 도와 드릴까요?"라고 물었다.

"배에서는 물건을 주고 돈도 받습니다. 오늘은 특별히 아이들이 있는 가정에 사탕을 공짜로 주라고 하네요. 그런데 날씨가 더워 이 사탕이 녹으니 바로 안 먹으면 냉장고에 넣으세요."

수가 물었다.

"저, 미안한데요, 뭐라고 하셨나요?"

장난을 치나 보다 생각하고는 똑같은 말을 다시 했다.

그랬더니 수도 똑같은 말을 하면서 묻는 것이었다.

할 수 없이 종이에 글을 써서 보여 주었는데 수가 웃는 것이 아닌가? 나는 하도 당황해서 화까지 났지만 태연한 척하며 수를 보냈다. 일을 마친 후 방에 와서도 화가 수그러들지 않았다.

그래서 조용히 기도하기 시작했다.

"주님, 제가 화가 많이 나요, 어떻게 해야 하죠? 제가 영어 실력이 부족한 거는 주님도 아시잖아요. 그래도 최선을 다해 일했는데 이런 일이 생기니 힘이 듭니다."

목요일은 쉬는 날이라 세탁장에 옷을 찾으러 갔다. 그곳에서 수를 만났다. 어떻게 할까 생각하다가 아무래도 그냥 넘어가서는 안 될 것 같았다. 그런데 내가 말을 꺼내기도 전에 수가 "하이!" 하며 인사를 건넸다.

나도 웃으면서 인사했다. 그리고 수에게 물었다.

"오늘 저녁 기도회 전에 나랑 이야기 좀 할 수 있어?"

"그래, 그럼 언제 어디서 만날까?"

"기도회하기 전에 일찍 라운지에서 만나."

수를 만나러 가기 전에 기도를 했다. 약속 장소에 갔더니 수가 벌써 나와서 기다리고 있었다. 일단 웃음으로 인사를 대신한 후 말을 꺼냈다.

"아까 낮에 왜 나를 힘들게 했니? 정말 내 말을 못 알아들었던 거야?"

"아니, 냉장고란 발음이 너무 웃겨서 장난 좀 친 거야. 별다른 감정은 없었어."

순간 눈물이 핑 돌았다. 그렇지 않아도 영어 때문에 늘 스트레스를 받는데 그런 장난을 치면 내가 얼마나 당황할지 생각해 보았느냐고 말했다.

"나는 오늘 너무 힘들어서 이렇게라도 이야기하지 않으면 기도회에도 못 나갔을 거야."

내 말을 들은 수는 "성옥아, 정말 미안해." 하면서 나를 끌어안았다.

나도 수를 끌어안고는 "고마워."라고 말했다.

그날 이후 수와 나는 친한 친구가 되었다.

그리스도는 살고 나는 죽는 이야기

'만일 지금 호주에 가서 수를 만난다면 그녀도 나만큼 늙어 있겠지?'

북테이블

배가 항구에 닿을 때마다 배 안에 북테이블이 설치된다. 북테이블(도서 전시)은 둘로스호의 상징이기도 하다. 책을 전시하고 판매도 한다. 많은 사람이 오기 때문에 전도의 장으로도 활용된다. 또한 도서 판매 수익은 둘로스 사역의 30퍼센트 이상을 충당한다. 여러 면에서 도서 전시는 둘로스 사역에서 주요한 역할을 한다. 항구에 따라 하루 동안 수천 명이 찾기도 한다. 이곳에서 많은 사람을 만날 수 있고, 전도할 수 있는 곳이기도 하다. 둘로스 배가 사회주의 국가(지금은 존재하지 않지만)나 모슬렘 국가에 입항할 때에는 책 전시를 명목으로 허가받는다.

책 전시장에서 해야 할 일은 한두 가지가 아니다. 책을 보관하고 나르는 일은 만만치 않다. 주로 책을 보관하는 창고가 거의 배 밑바닥에 있기 때문에 선상까지 책을 운반하는 것은 중노동이다. 나도 배 밑에 가 본 적이 있다. 음식 창고가 그곳에 있었기 때문이다. 좁고 긴 계단을 통해 내려갔다가 다시 올라오는 일이 쉽지 않았다. 그러니 정작 창고에서 일하는 사역자들이야 오죽하겠는가? 햇볕도 쬐지 못한 채 밥 먹는 시간만 빼고는 땀을 뻘뻘 흘리고 일해야 한다. 이 사람들도 선교사로 파송받을 때에는 이러한 노동을 하게 될지 몰랐을 것이다. 이따금 회의가 들기도 할 것이다. 그러나 노동을 통해 자기와의 싸움이 시작된다. 반면에 북홀(Book Hall)에서 책을 파는 일은 훨씬 수월하다. 그래서 창고에서 일하는 사람들은 북홀에서 일하는 사람들을 부러워하기도 한다. 모두 주요한 일인 것은 분명하지만 몸이 너무 힘들 때는 그런 생각이 드는 게 당연하다.

아이들을 데리고 종종 책 전시장을 찾았다. 전시장에는 별의별 책이 다 있었고, 처음 보는 희귀한 책이 한둘이 아니었다. 영어로 쓰인 책이 대부분이었다. 그러나 가장 많이 팔리는 책은 역시 영어성경이다. 나도 영어성경을 한 권 샀다. 그리고 일일이 단어를 찾아가면서 마태복음부터 읽기 시작했다. 그 후부터 설교 때마다 단어들이 하나둘 귀에 들리기 시작했다.

둘로스 배는 물 위를 떠다니는 작은 마을이다. 한정된 공간에 모든 것이 다 갖추어져 있다. 이곳에서는 모든 사람이 귀하며, 모든 일이 귀하다. 세상의 기준이 아닌 하나님 나라의 기준이 적용되기 때문이다. 그 어떤 일도 없어서는 안 된다. 열쇠를 만드는 일, 구두를 수선하는 일, 하수구 배관을 수리하는 일 등 이 모두가 우리 생활에 없어서는 안 되는 것이다.

겐트항에서

바람이 여전히 쌀쌀한 3월, 벨기에 겐트항에 입항했다. 정말 아름다운 항구였다. 마침 프로그램 일정이 없어서 도착하자마자 우리 가

그리스도는 살고 나는 죽는 이야기

족은 항구로 나갔다.

'여기가 유럽 맞아? 아프리카 같은데?'

길을 오가는 사람들은 온통 흑인 무슬림이었다. 영국에서도 비슷한 경험을 한 적이 있다. 공항에 인도 사람들이 어찌나 많던지 이곳이 영국인지 인도인지 잠시 헷갈린 적이 있었다. 머리에 수건을 두른 무슬림 여인들도 꽤 눈에 띄었다.

'언제부터 이곳에 무슬림들이 몰려왔을까?'

겐트항에 정박한 지 며칠 후 남편을 따라 노방전도를 나갔다. 역 앞에서 찬양하면서 마임, 스케치 보드 등을 이용하여 전도했다. 그런데 사람들은 별 관심을 보이지 않았다. 그렇지 않아도 몸이 오슬오슬 추웠는데 마음마저 추웠다.

다행히 한국인들을 만났다. 그분들은 우리를 반갑게 맞이해 주었다. 특히 장보고라는 이름으로 선식을 하시는 집사님께서 우리에게 푸짐한 음식을 대접해 주셨다. 배가 떠날 무렵에는 고추절임과 김 등 여러 가지 반찬을 챙겨 주셔서 두고두고 맛있게 먹었다.

겐트항에서 하루는 남편이 독일에 있는 지인에게 전화를 했다. 그분은 단장님의 허락만 받으면 우리를 픽업해서 독일로 잠시 데려갈 수 있다고 했다. 그러나 우리는 둘로스호에 오른 지 얼마 안 되었기 때문에 단장님께 자초지정을 말씀드리는 것이 쉽지 않았다. 그런데 단장님께서 선뜻 허락해 주셨다. 남편과 나는 마냥 들떠 있었다.

지인께서는 금요일 아침에 차를 끌고 로고스호까지 오셨다. 배에서 점심을 먹은 후 독일 보훔을 향해 달렸다. 이곳 날씨도 여전히 쌀쌀했다. 우리가 도착한 기숙사에는 방 하나에 넓은 거실이 있었다. 기숙사에 살고 있던 김 박사님 가족이 우리를 반갑게 맞아 주셨다. 우리는 푸짐하게 차려진 상을 보고 깜짝 놀랐다. 언제 이 많은 음식을 준비하셨는지…. 또 이 얼마 만에 맛보는 한국 음식인지, 김치와 두부는 보기만 해도 눈물이 날 정도였다. 우리 아이들도 체면을 불구하고 먹는 데만 열중했다. 그날은 모두가 밤새 이야기를 나누었다.

배로 돌아가기 전 마켓에 들려 필요한 음식 재료를 샀다. 남편은 보훔보다 큰 도시인 에센으로 가서 진표에게 줄 바이올린을 샀다. 진표는 한국에서 바이올린을 배우다가 그만두었다. 한국을 떠나면서 피아노를 팔았는데 그 돈으로 바이올린을 사기로 했었다. 남편의 손에는 제법 근사한 수제품 바이올린이 들려 있었다.

배로 돌아와서 우리는 배에 타고 있던 한국인들을 불러 모았다. 그리고 보훔에서 싸들고 온 잡채와 불고기, 김치 등으로 조촐한 파티를 열었다. 하나님께서 주신 '깜짝 선물'을 우리만 누릴 수 없었다. 내 입에서는 찬송이 절로 흘러나왔다.

"그 크신 하나님의 사랑 말로 다 형용 못하네… "

사실 복음을 전해도 허공만 울리던 겐트항에서 우리는 낙심했었다. 그러나 주님의 뜻이 우리를 이곳으로 인도하셨을 것을 믿고, 이 땅을 밟은 것만으로도 의미가 있을 것이라고 생각하며 겐트항을 위해 기도했다.

둘로스호는 영국의 사우샘프턴을 향했다.

그리스도는 살고 나는 죽는 이야기

사우샘프턴에서

사우샘프턴은 영국 남부 해안에 있는 항구 도시이다. 선장님은 방송으로 이렇게 말씀하셨다.

"이번 항해는 많이 힘이 들 것입니다. 비스케 만의 물살이 원래 세지만 아직 겨울이라서 더욱 사나울 것입니다. 선반이나 높은 곳에 올려놓은 물건은 모두 내려놓으십시오. 그리고 틀니를 착용하신 분들은 빼십시오."

이는 이번 항해가 험할 것이고, 뱃멀미도 심할 거라는 말이었다. 그 무렵 우리 가족은 방을 옮기게 되었다. 방과 화장실이 각각 둘에다가 메인 통로에 위치한 곳이었다. 둘로스호 측에서 우리 가족을 배려해 준 것이다. 화장실 하나를 부엌으로 개조했다. 배 안의 화장실은 겨우 한 사람이 샤워할 수 있었고, 변기를 사용하는 것도 불편할 정도로 좁았기 때문에 대다수의 가족이 부엌으로 사용했다. 나도 변기 위에 선반을 설치하고, 그 위에 전기곤로랑 밥통을 놓아 나름 부엌으로 꾸몄다. 나만의 부엌이 생겼다는 것이 얼마나 기뻤는지 모른다.

배 안에는 주부를 위한 기도회가 있었다. 각 방(캐빈)을 돌아가며 기도했다. 그때마다 다른 방을 구경할 수 있었다. 공간은 모두 좁았지만 솜씨를 최대한 발휘해서 예쁘게 꾸몄다. 어떤 집은 앙증맞은 커튼까지 달고 아기자기하게 선반을 꾸며 놓았다. 한국에 살 때에도 나는 조그만 화분 하나 겨우 돌보던 솜씨라 자신은 없었다. 그러나 커튼이라도 달아보겠다는 마음으로 겐트항에서 구입한 옷감을 이용하여 손

바느질로 커튼을 만들었다. 커튼을 달고 보니 방 분위기가 한결 나아졌다. 그러나 즐거움도 잠시뿐 사우샘프턴으로 항해를 시작한다고 하니 침대를 내려 아예 누워 버렸다. 항해가 힘들 때는 눕는 것이 최고였다.

아니나 다를까 출항한 지 얼마 되지 않아 배가 요동치기 시작했다. 슬슬 멀미가 나기 시작했다. 구토할 거 같아서 화장실을 왔다 갔다 했다. 그제야 '화장실이 멀구나!'라는 생각이 들었다. 방 바로 옆에 있는 화장실을 부엌으로 개조했으니 말이다.

'이럴 줄 알았으면 그대로 놔두는 건데.'

그뿐이 아니었다. 식사 시간이 되어도 식당에 갈 수가 없었다. 다행히 진표와 은표는 멀미를 하지 않아서 우리에게 음식을 가져다주었다. 그러나 우리는 음식을 먹을 수 없었다. 이렇게 사흘간 고생하고 나니 배는 항구에 도착했고, 멀미는 언제 그랬냐는 듯이 말끔히 사라졌다.

서둘러 샤워를 하고 옷을 갈아입었다. 갑판으로 나와 눈앞에 펼쳐진 새로운 세계를 바라보았다.

'이곳에서는 어떤 일이 일어날까?'

사우샘프턴은 런던에서 그리 멀지 않다. 그래서 많은 한국인이 배를 방문했다. 특히 런던의 한 한인 교회에서 온 분이 있었는데 우리는 그분에게 배를 구경시켜 드렸다. 그 가운데 몇 분은 우리 방으로 초대해서 차를 대접했다. 이국땅에서 한국인을 만나 이야기를 나누는 것은 정말 기쁜 일이었다.

그리스도는 살고 나는 죽는 이야기

둘로스호 캐빈의 모습

배에서 함께 사역하시던 박 목사님과 함께 런던을 방문했다. 말로만 듣던 런던의 명물, 이층 버스를 탔다. 위 칸으로 올라가서 자리를 잡았다. 두 아이는 마냥 기뻐했다. 버스를 타고 한 시간 정도 가니 런던에 도착했다. 런던은 그 자체가 살아 있는 문화유적지였다. 그림에서만 보았던 고풍스러운 건물이 눈앞에 버젓이 서 있었다.

우선 런던시 지도를 구입했다. 우리가 있는 곳에서 대영 박물관이 멀지 않았다. 그렇다고 걸어갈 정도는 아니었는데 차를 타고 가자니 돈이 너무 빠듯했다. 그래서 강행군을 했다. 은표는 유모차가 있어서 다행이었지만 진표는 다리가 아파서 힘들어했다. 그런데 우리 주변에 사람들이 하나둘 모여들더니 순식간에 인산인해를 이루었다. 알고 보니 우리가 있던 곳 맞은편 YMCA에 영국 여왕이 방문한다는 것이었다. 잠시 후 요란한 사이렌 소리와 함께 여왕이 차에서 내렸다. 세상에! 영국 사람들도 보기 힘든 영국 여왕을 지척에서 보게 되었다. 여왕이 YMCA 건물 안으로 들어가자 모였던 사람들도 순식간에 사라졌다.

시장기가 느껴졌다. 무엇을 먹을까 고민이 되었다. 값도 싸고 맛도 좋고 양도 많은 것이 없을까?

피시 앤 칩스(Fish and Chips)가 눈에 들어왔다. 우리 입맛에도 맞고 가격도 저렴했다. 그곳에서 배를 채운 뒤 박물관으로 갔다.

세계 곳곳의 보물을 다 끌어모은 박물관은 어찌나 큰지 온종일 둘러보아도 끝이 나지 않을 것 같았다. 지금까지 기억에 남는 것은 이집트 미이라다. 영원히 살고 싶어 하는 인간의 바람을 잘 드러낸 미이라의 상징성 때문인지도 모른다. 또 말로만 듣던 성경의 사본들을 대할 때에는 감개가 무량했다. 그리고 보잘것없는 우리를 이곳까지 인도하신 주님께 그저 감사했다. 우리는 다시 이층버스를 타고 사우샘프턴으로 돌아왔다.

사우샘프턴에서도 많은 일이 있었지만 한 가지만 소개하려고 한다. 어느 주일 우리 가족은 배에서 그리 멀지 않은 곳에 위치한 교회에서 예배를 드렸다. 돌로 지은 이 교회는 300년 전에 지어졌다고 한다. 스테인드글라스 창문과 아름다운 성화들이 매우 인상적이었다. 담임목사님께서는 우리를 교회 곳곳으로 데리고 다니면서 친절하게 설명해 주셨다. 예배 시간이 거의 다 되어 교회 안으로 들어갔다. 그

그리스도는 살고 나는 죽는 이야기

둘로스호 아이들의 유적지 방문

런데 교회에 앉아 있는 사람들은 우리 팀을 제외하면 몇 명 되지 않았
다. 거의 노인들이었고, 단 한 젊은 여인이 아이를 데리고 앉아 있을
뿐이었다. 영국사람답지 않게 예배 시간에 늦는 사람이 많나보다 생
각했다. 그러나 예배가 끝날 때까지 사람들은 더 이상 오지 않았다.

'이렇게 아름다운 교회에서 겨우 다섯 사람이 예배를 드리다니!'

예배를 마치고 한 교인이 우리에게 점심을 대접해 주었다. 음식이
정말 맛있었다. 특히 요크셔 푸딩(Yorkshire Pudding) 맛은 지금도 잊
을 수 없다. 아이들도 입맛에 맞는지 군말 없이 맛있게 먹었다. 입과
마음이 모두 흐뭇해진 상태에서 둘로스호로 돌아왔다.

이제 영국에서의 일정이 거의 끝나고 곧 포르투갈을 향하게 될 것
이다. 둘로스호의 항해 시간은 대개 2박 3일에서 3박 4일이다. 앞으

로 이삼일 후면 포루투갈의 첫 행선지인 폴토항에 도착할 것이다.

사우샘프턴을 떠나 사흘 후면 폴토에 도착한다. 아마 "폴토"라는 이름은 "포르투갈"에서 온 듯하다. 배가 항구에 이르기 하루 전 선장님에게 쪽지를 받았다. 선장님의 아내가 나를 보고 싶어 한다는 내용이었다.

"괜찮다면 리셉션을 도와주시겠습니까? 호스티스를 맡아 주세요."

나는 흔쾌히 승낙했다.

원래 나는 사람을 만나고 교제하는 것을 좋아한다. 영어가 짧다는 것이 걸리기는 했지만 부담이 되지는 않았다. 왜냐하면 포르투갈이라는 나라가 영어권이 아니기 때문에 어차피 영어가 서툰 것은 서로가 마찬가지일 것이라고 생각했기 때문이다.

드디어 폴토에 도착했다. 점심 식사를 마친 후 리셉션 준비를 시작했다. 홀을 꾸미고, 꽃꽂이를 하고, 펀치도 만들었다. 나에게는 이 모든 일이 즐겁기만 했다. 내가 어릴 때부터 그리던 동화 속의 파티를 직접 내 손으로 준비하는 것만으로도 나는 들떠 있었다. 손님이 오면 남편도 손님맞이를 거들어야 했다.

이런 날을 대비하여, 아니 꿈꾸면서 나는 예쁜 옷을 한 벌 준비해 왔는데 드디어 그 옷을 입을 일이 생긴 것이다. 아이들은 한국인 여

선교사님께 맡기고, 리셉션 홀로 갔다. 내가 해야 할 일은 배에 오르는 손님을 맞이하며 "환영합니다!"라고 말하고, 홀로 안내하는 것이었다. 때때로 대통령, 장관, 시장을 포함하여 유명 인사들이 초대 손님으로 참석했다. 그런데 예기치 못한 손님들의 인사 방식이 나를 당황하게 했다. 나를 얼싸안고는 양쪽 볼에 입을 맞추는 것이 아닌가? 그러나 몇 번 반복하니 이러한 문화충격도 곧 적응되었다.

삼십여 분 동안 손님들에게 음료수, 케이크, 쿠키, 초콜릿 등을 권하며 인사를 나누었다. 분위기는 한껏 화기애애했다. 자리에 모두 앉은 후 프로그램이 시작되었다. 먼저 우리 둘로스호를 소개한 후 몇몇 나라의 대표들이 각각 자기네 전통의상을 입고 나와 둘로스 사역을 소개했다.

이 일을 돕게 된 것이 감사했다. 나는 지금도 손님을 초대하고 접대하는 것을 좋아한다. 아마 그때의 경험이 큰 도움이 된 것 같다. 처음 하는 일 치고는 아주 관심을 끄는 일이었다.

어느 곳을 가든지 그 나라의 재래 시장을 통해 풍습과 문화를 읽을 수 있다. 포르투갈의 재래 시장은 우리나라의 재래 시장과 흡사했다. 특히 닭을 골라 흥정하고 그 자리에서 잡아 손질해 주는 광경이 어찌나 익숙하던지. 생선 가게와 야채 가게의 풍경도 전혀 낯설지 않았다. 포르투갈이라는 나라에 대해 여러모로 친근감을 갖게 되었다.

폴토에서 열흘 정도 머문 후 포르투갈의 수도 리스본으로 향했다.

리스본에서

각 도시마다 색깔이 있다. 내가 느낀 포르투갈은 검정색이다. 아마 나이가 든 대다수의 여성이 검정색 옷을 입었기 때문일 것이다. 알고 보니 검은색 옷은 두 가지 의미가 있다고 한다. 남편을 잃었거나, 가톨릭 열성신자이거나. 검정색 옷 때문인지 도시 역시 어두웠다. 고풍스럽고 웅장한 건물들이 늘어서 있지만 제대로 보수하지 않았다. 이는 곧 포르투갈이 경제적으로 풍요롭지 않다는 것을 의미한다. 사실 유럽 선진국에 비하면 포르투갈은 가난한 나라에 속한다. 그러나 사람들에게서 풍기는 정감은 오히려 깊었다.

리스본에 도착하자 둘로스호 정기 수리를 했다. 배를 수리하는 3주 정도 동안 배 밖에서 생활해야 했다. 가족이 있는 사람들에게는 일종의 휴가와 같은 시간이 주어졌다. 우리 가족은 리스본에서 그리 멀지 않은 곳으로 가게 되었다. 오래된 3층 석조 건물이 우리가 머물 곳이었다. 건물의 소유주는 알 수 없었지만 모잠비크에서 오신 할머니께서 이 건물을 관리하고 계셨다. 할머니께서는 우리 가족을 2층으로 안내하시더니 마음대로 골라서 방을 사용하라고 하셨다. 거실, 화장실 등이 다 갖추어져 있었지만 워낙 낡아서 썩 마음이 내키지는 않았다. 이리저리 둘러본 후 창 밖으로 거리를 내다볼 수 있는 비교적 밝은 방 하나만 쓰겠다고 말씀드렸다. 아이들이 아직 어리고 밤에 화장실 가는 것도 무서워할 것 같아 아무래도 가족이 한 방을 쓰는 것이 좋을 것 같았기 때문이다. 할머니는 방 하나만 쓰겠다는 말에 의아해

그리스도는 살고 나는 죽는 이야기

포르투갈 배 수리 당시 머문 할머니댁

하셨다. 방 청소를 한 후 침대 둘과 책상을 가져다 놓으니 제법 그럴
듯해 보였다. 다른 방들을 놔두고 굳이 한 방에 모여 생활하겠다는 우
리가 할머니는 이상해 보이셨을 수 있을 것이다. 그러나 우리는 한국
인 특유의 정감을 듬뿍 누릴 수 있었다.

우리 가족의 하루는 길 건너 빵집에서 바게트를 사면서 시작되었
다. 갓 구운 빵이 우리 가족을 행복하게 만들어 주었다. 이 무렵 우리
부부는 결혼 10주년을 맞이했다. 남편이 기념품 가게에서 은목걸이
를 사 주었다. 그리고 리스본 재래 시장에 들러 한국 음식을 만들 만
한 재료들을 샀다. 집으로 돌아와 부엌을 사용해도 좋다는 허락을 받
고, 불고기와 잡채를 만들었다. 모잠비크 할머니도 식사에 초대하기

로 했다. 그런데 그때 김영한 학생이 조그마한 케이크를 사들고 방문했다. 결혼기념일인데 갈 만한 데가 없느냐고 물었던 것을 기억했던 모양이다. 뜻밖의 손님으로 파티가 더 즐거워졌다. 또 그동안 서먹서먹하게 지냈던 모잠비크 할머니와도 가까워졌다.

그 후 김영한 학생의 도움으로 우리 가족은 둘로스호의 한국인들과 함께 기차를 타고 신트라에 있는 한인 교회를 방문할 수 있었다. 이곳에서는 몇몇 한인 유학생과 주재원 가족들, 대사관 직원들이 아파트 하나를 얻어 주일마다 예배를 드렸다. 우리가 방문하자 모두 기뻐했다. 또한 그 교회에는 목회자가 없었기 때문에 배가 떠나기 전까지 남편에게 설교를 부탁했다. 남편은 흔쾌히 응했다. 또한 리스본과는 멀리 떨어져 있지만 떠나기 전까지 교회에서 지내라고 했다. 그래서 우리 가족은 윤 교사님 부부와 함께 그곳에서 지냈다. 50평 정도의 새 아파트에서 지내는 것 자체가 우리 가족에게는 휴가였다. 게다가 한국 음식을 맘대로 해 먹을 수 있었고, 그분들이 주일마다 냉장고에 김치를 남겨 두고 가서 꼭 한국에서 지내는 것 같았다.

이따금 버스를 타거나 걸어서 신트라 인근을 구경하곤 했다. 어느 날 해변을 걷다가 마늘과 비슷하게 생긴 것이 있어서 직접 캐다가 장아찌를 담갔다. 마치 보물이라도 발견한 기분이었다. 이 장아찌를 배에 들고 가서 다른 한국인들과 나눠 먹을 생각을 하니 가슴이 벅찼다. 신트라에서는 시장이 가까워 거의 매일 장을 보고, 먹고 싶은 음식을 해 먹었다. 이렇게 하루하루 즐겁게 지내다 보니 어느새 3주가 지났고 배의 수리도 끝났다. 배로 돌아가기 바로 전 주에는 한인들과 함께

그리스도는 살고 나는 죽는 이야기

인근 공원으로 피크닉을 갔다. 근처 공원으로 가서 바베큐 파티와 각 사람이 준비해 온 음식으로 즐거운 시간을 보냈다. 피크닉을 마치고 액자를 선물로 받았다. 타일로 만든 그 액자에는 포르투갈의 신트라 풍경이 담겨 있었다.

배에 돌아오니, 마치 내 집에 돌아온 듯한 기분이었다. 둘로스호는 어느새 우리 가족에게 "홈, 스위트 홈"(Home, Sweet Home)이 되었다. 지금도 거실에 걸린 그 액자를 볼 때마다 그때가 떠오른다.

카디스에서

배가 스페인을 향한다는 말에 마냥 들떴다. 말로만 듣던 정열의 나라 스페인. 그러나 드러내 놓고 내색할 수는 없었다. 아마 선교사라는 신분이 지닌 보이지 않는 틀에 스스로를 가두었기 때문인지도 모른다. 그러나 선교 여행과 일반 여행의 경계가 모호해질 때가 있다는 것은 당연한 일이다. 선교사라는 신분 때문에 이국땅에서의 흥분을 억지로 감출 필요는 없다는 생각이 들었다. '그리스도인은 모두 순례자이다'라는 영적 정체성만 분명히 한다면 말이다.

항해 중에는 메인 라운지에서 즐거운 프로그램이 매일 진행된다. 이름 그대로 "펀 나이트"(Fun Night)이다. 둘로스 가족들은 영화를 보고, 장기 자랑도 하면서 즐거운 시간을 보낸다. 그러나 우리 가족은 멀미 때문에 고생이 이만저만이 아니었다. 그래도 하루 저녁은 힘을 내서 아이들과 함께 메인 라운지에 올라가 "펀 나이트"를 즐겼다. 아이들이 얼마나 즐거워했는지 모른다. 아마 엄마와 아빠가 함께해서 더욱 기뻤던 모양이다.

드디어 스페인의 첫 항구인 카디스에 도착했다. 카디스의 풍경은 포르투갈과 큰 차이가 없었다. 그러나 길거리를 다니는 사람들이 풍기는 분위기는 완전히 달랐다. 사람들이 모두 경쾌해 보였다. 내가 편견을 가진 탓에 그렇게 보였을지도 모르지만 어쨌든 나도 덩달아 들떴다.

어느 항구에 가든지 늘 한국 사람이 없나 찾아보게 된다. 카디스에

그리스도는 살고 나는 죽는 이야기

서도 한국인을 만났다. 태권도 도장을 하시는 분인데 우리 배가 온다는 소문을 듣고 방문하셨다. 그분과도 우리는 금세 친해졌다. 그분은 시내에 큰 홀을 하나 빌려 태권도 도장으로 꾸몄고, 2층 작은 방에서 생활한다고 하셨다. 살림도구를 제대로 갖추고 있을리 만무했다.

어느 날, 그분이 나를 찾아와 시장에 함께 가자고 했다. 둘로스의 한국인들을 자기 집으로 초대하고 싶다는 것이다. 재래 시장에서 유독 눈길을 끄는 것이 있었는데 바로 올리브 절임을 담아 놓은 커다란 나무통들이다. 마치 우리나라 재래 시장의 젓갈통과 같았다. 나는 올리브를 무척 좋아한다. 올리브 특유의 짭조름한 맛이 매력적이다.

시장에는 싱싱한 야채가 아주 많았다. 얼갈이김치라도 담궈 볼까 해서 배추를 찾아보았는데 통배추는 없고 얼갈이가 눈에 띄었다. 겉절이를 담글 수 있겠다는 생각에 얼른 두 단을 집어 들었다. 시금치와 소고기도 샀다.

그날 저녁 외출이 가능한 한국인들을 모두 데리고 그분의 집을 찾아갔다. 도착하자마자 얼갈이배추를 소금에 절이고, 소고기를 양념해 두었다. 그리고 밥을 지었다. 스페인의 쌀은 우리나라의 쌀과 같아 어찌나 기뻤는지 모른다. 그런데 겉절이를 하려고 하는데 소금에 절인 얼갈이 배추가 도무지 숨이 죽지를 않았다. 나중에 알고 보니 그것은 배추가 아니라 근대였다. 여하튼 불고기 바베큐에 근대김치를 곁들여 모두 맛있게 먹었다.

우리는 이분이 예수님을 믿게 해 달라고 간절히 기도했다. 또 둘로스 배에 계셨던 박 목사님께서 여러 차례 그분을 방문해서 직접 전도

하셨다. 마침내 그분은 예수님을 영접했다. 가디스를 떠난 후에는 소식을 들을 수 없지만 주님의 자녀로 잘 살고 계시리라고 믿는다.

가디스에서도 개막 리셉션이 있었다. 늘 그러하듯 선장님의 사모님을 도와 리셉션 준비를 했다. 말로만 듣던 플라밍고 춤도 볼 수 있었다. 의상도 아름답지만 춤 또한 얼마나 멋졌는지 모른다. 역시 스페인은 정열의 나라가 틀림없었다. 플라밍고 춤 안에 스페인의 열정이 고스란히 담겨 있었다. 지중해 연안국 대다수가 점심 식사 이후 오후 다섯 시까지 '시에스타'를 즐긴다. 이 시간에는 상점은 물론 공공기관도 업무를 보지 않는다. 거리에 나가도 사람들이 눈에 띄지 않는다. 그러다가 다섯 시가 되면 도시가 되살아난다. 충분한 휴식을 한 탓인지 사람들이 활기차 보인다.

남편은 매일 아침마다 전도팀 사람들을 위해 전도 훈련을 했다. 이른 저녁을 먹고 전도팀들을 데리고 거리로 나갔다. 저녁이었지만 아직 태양이 뜨거웠다. 전도팀들은 먼저 찬양과 드라마로 사람들의 관심을 끌었다. 사람들이 모이면 남편은 커다란 스케치 보드를 꺼내들고 거기에 해석할 수 없는 글씨를 써서 사람들의 호기심을 자극했다. 그다음 그 이상한 글자를 메워 가면서 복음을 전했다. 복음을 받아들이는 태도도 민족성과 밀접한 관련이 있는 듯했다. 스페인 사람들은 그들의 열정만큼 화끈하게 복음을 영접했다. 남편은 이렇게 전도한 후 밤늦은 시간에야 배로 돌아왔다.

이러한 남편을 위해 나는 솜씨를 최대한 발휘하여 가장 한국적인 음식을 만들었다. 빵 몇 조각 먹고 나가 큰 소리로 전도하고 나면 허

그리스도는 살고 나는 죽는 이야기

기지기 때문이다. 물론 음식 재료가 풍부하지는 않다. 배에는 '겔리'라는 음식 만드는 곳이 있다. 재미있는 사실은 언제든지 겔리에는 한국 사람이 적어도 한 명씩은 꼭 있다는 것이다.

한번은 겔리에서 일하시는 목사님이 나를 불렀다. 그런데 난데없이 가방을 준비해 오라고 하시는 것이 아닌가. 이유인즉 둘로스 식당에서 근대를 많이 사 왔는데 줄기만 사용하고 잎사귀는 다 쓰레기통에 버렸다는 것이다. 버린 지 얼마 안 되어 싱싱할 테니 직접 와서 가져가라고 했다. 반가운 마음에 다른 한국인 사모들과 함께 가서 사람들이 일하는 틈을 타 얼른 쓰레기통에 있던 근대잎을 챙겨 왔다. 그것을 다듬어 살짝 데치니 맛있는 근대 무침이 탄생했다. 그날은 온 가족이 근대 반찬으로 푸짐하게 식사했다.

말라가와 알리칸테에서

둘로스호는 가디스에 오래 머물지 않았다. 다음 목적지는 말라가 항이었다. 야자나무가 길게 늘어선 말라가항에 도착했다. 가디스에도 야자나무는 많았지만 분위기는 서로 달랐다. 우리가 말라가에 도착하자 그 당시 영국에서 공부하고 계시던 최종상 목사님께서 둘로스호를 방문하셨다.(훗날 최 목사님은 한국인으로서 둘로스호의 단장이 되셨다.) 그래서 배에 있는 한국인들과 함께 말라가 해변에 가서 한가한 오후 시간을 보냈다. 어느 곳을 가더라도 스페인의 열정과 낭만이 느껴졌다.

둘로스호의 생활도 많이 익숙해졌고, 아이들도 잘 적응하는 것 같았다. 하루는 프로그램실에서 일하는 마이어 부인 로사를 따라 공원에 갔다. 로사에게는 두 아이가 있었다. 나는 은표만 데리고 갔다. 그 무렵 은표는 영어를 조금씩 익혀 가고 있었다. 아르헨티나 출신 로사는 쌍둥이 아들을 양팔에 안고 잘도 걸었다. 남미 특유의 강인함과 억척스러움을 잘 보여 주었다. 공원에 도착하자 로사가 두 아이의 몸을 끈으로 묶고는 다른 한 끝을 벤치 다리에 묶었다. 처음에는 이상하게 보였지만 나름대로 합리적인 방법이라는 생각이 들었다. 아이가 자유롭게 움직일 수 있고 동시에 안전했기 때문이다. 로사는 아이들에게 식탁 예절도 엄격하게 훈련시켰다. 밥 먹을 때마다 쫓아다니며 먹이느라 애쓰던 내 모습과는 아주 대조적이었다. 로사와 나는 둘로스호에서 친하게 지냈는데 로사의 밝은 성격이 나에게 큰 도움이 되었다.

남편이 알리칸테에서 3일간의 휴가를 받았다. 휴가는 쉼이 필요한 우리 가족에게 큰 선물이었다. 그래서 우리는 배에서 멀지 않은 곳에 위치한 스페인식 연립 주택에서 휴가를 보냈다. 이 집은 어느 교인이 빌려 준 것이었다. 실내에는 큼직한 타일이 깔려 있었다. 선풍기가 없어도 집 전체가 시원했다. 둘로스 측에서 부식과 약간의 용돈을 받았다. 이렇게 배 밖에서 휴가를 보낼 때는 맘껏 한국 음식을 만들어 먹을 수 있다. 배에서 받은 닭으로 먼저 닭볶음 요리를 했다. 스페인 쌀도 제법 품질이 좋아 밥을 지으니 아주 맛있었다. 게다가 스페인 요리에도 마늘을 많이 사용했기 때문에 마늘 냄새에 굳이 신경 쓰지 않고

그리스도는 살고 나는 죽는 이야기

요리할 수 있었다. 배 안에서는 늘 왁자지껄한 가운데 하루하루가 지났는데 휴가가 있으니 얼마나 오붓한지 몰랐다. 배에서 생활하는 것이 지칠 때마다 휴식과 휴가를 통해 새 힘을 얻곤 했다. 둘로스 측에서는 가족에 대한 배려를 많이 해 주었다. 그래서 싱글 선교사들은 휴가를 보내는 가족들을 부러워하기도 했다.

사흘이 눈 깜박할 사이에 지나갔다. 둘로스호는 알라칸테를 떠나 바르셀로나를 향했다.

바르셀로나에서

바르셀로나는 올림픽 경기로 유명하다. 우리가 그곳에 갔을 때는 올림픽 경기가 있기 전이었다. 또 그 유명한 사그라다 파밀리아 성당이 있는데, 아직도 미완성 상태로 공사 중이다. 이 성당의 건립 공사는 1882년에 시작했는데 스페인 내전 등 여러 이유로 중단되어서 아직도 공사 중이다. 이곳을 찾는 사람마다 언제 이 성당이 완공될지 궁금해한다.

바르셀로나에는 한인 교회가 있다. 여느 이민 교회처럼 예배를 마치면 식사를 함께했다. 바르셀로나 한인 교회는 태권도 사범들과 기업 주재원들이 주축을 이루고 있었다. 사모님께서는 이민 교회를 하면서 힘들었던 점을 말씀하셨다. 그래서 된장과 고추장도 직접 담가 파시기도 했다. 무엇을 하든지 처음 개척 과정에는 어려움이 많이 따른다.

한인 교회 집사님 한 분이 둘로스호에 있는 한국인들을 저녁 식사에 초대했다. 푸짐하게 차려진 한국 음식을 배불리 먹은 후 우리는 바르셀로나의 유명한 공원에 갔다. 공원에서는 화려한 분수쇼를 구경할 수 있었다. 클래식 음악이 울려 퍼지면서 화려한 조명과 함께 음의 높낮이에 맞추어 분수의 높낮이가 바뀌었다. 난생 처음 보는 이 아름다운 광경은 내 생전에 잊을 수 없는 추억거리가 되었다. 집사님은 계속 우리를 섬겨 주셨다. 집사님 덕분에 우리는 바르셀로나 시내를 구경하고, 박물관도 가 보았다. 식당에서 특이한 음식도 먹었다. 천장에 매달아 놓은 돼지 다리를 얇게 썰어 넣은 샌드위치 맛도 일품이었다.

배가 가는 곳마다 원주민 교회를 찾는 것이 내게는 특권이면서 기쁨이었다. 스페인 교회를 찾아갔는데 교회 자체가 크지는 않았지만 교인들의 열정이 느껴졌다. 스페인에서 개신교의 역사는 가톨릭에 비해 그리 길지 않다. 예배를 마친 후에는 교회 뜰에서 밥을 먹는다고 했다. 뜰에 나오니 긴 줄이 늘어서 있었다. 무슨 줄인가 궁금해서 가 보았더니 그곳에는 커다란 밥솥이 있었다. 솥 안에는 닭고기, 홍합, 오징어, 새우, 통마늘과 피망, 올리브 등이 어우러진 해물볶은밥 같은 것이 있었다. 나중에 알고 보니 "파에야"라는 이름의 요리였다.

다행히 우리는 손님이라서 줄을 서지 않고도 식사할 수 있었다. 그 파에야가 한국인의 입맛에 어찌나 잘 맞던지 모두 맛있게 먹었다. 훗날 직접 파에야를 만들어 보았으나 그때의 그 맛을 재현할 수 없었다.

한인 교회의 집사님 덕분에 우리는 바르셀로나 곳곳을 여행할 수 있었다. 그분이 베풀어 주신 사랑과 섬김이 많은 사람에게 큰 힘이 되었다. 오랜 시간이 지난 지금 그때의 기억이 많이 흐릿해졌지만 집사님을 향한 고마운 마음은 여전하다.

'지금도 바르셀로나에 살고 계실까?'

둘로스호는 바르셀로나를 떠나 이탈리아로 향했다.

제노바에서

이탈리아를 간다고 하니 원형경기장, 카타콤, 마르틴 루터 교회 계단 등이 떠올랐다. 이탈리아는 고대 시대부터 음악, 미술, 패션이 으뜸인 예술의 나라이다. 바울이 이 나라에 복음을 전했고, 많은 그리스도인이 박해를 받기도 했다. 그러나 기독교는 곧 국교가 되지 않았던가.

제노바는 아름다운 항구 도시였다. 스페인의 항구 도시와는 또 다른 향취를 풍겼다. 늘 그러하듯 제노바항에서도 예기치 못한 일을 경험했다.

한국인 선원 한 분이 우리의 배에 찾아오셨다. 그분의 배는 상선으로 같은 부두에 정박하고 있었다. 둘로스호와는 걸어서 30분 정도의 거리였다. 우리는 그분에게 배를 구경시켜 드리고, 이런저런 이야기를 나누었다. 그랬더니 자기네 배에 놀러 오라고 우리를 초청해 주셨다.

11월이라서 제노바항의 바람은 제법 쌀쌀했다. 그러나 한국인들을 만난다는 기쁨으로 추운 줄도 모르고 열심히 걸어갔다. 그 배에 계신 분들은 한국 아이들을 보고는 반가워서 어쩔 줄 몰라 하셨다. 우리 아이들을 보고 고국에 있는 자녀들을 떠올리며 위로를 받으셨다. 우리는 선장님을 만나 둘로스호에 대해 설명하고 복음을 전했다. 경상도 출신이신 선장님은 복음을 받아들이고 영접 기도도 하셨다.

"내가 고향에 돌아가면 동네 분들에게 막걸리 한 잔씩 돌리면서 복음을 전하지요."

선장님은 우리에게 그 주부터 당신의 배에 와서 예배를 드려 달라고 부탁하셨다. 또 한 가지 우리 귀에 혹했던 말이 있었다.

"한꺼번에 몰려오지는 마시고 시간되시는 분들은 매일 여기에 오셔서 점심과 저녁을 드셔도 됩니다."

한국 음식이 굶주린 우리에게는 복음과 같이 기쁜 소식이었다.

우리는 모두 주일을 손꼽아 기다렸다. 그 배에 가서 예배를 드리는 날이기 때문이었다. 이른바 선상 교회를 세우기로 한 날인 것이다. 둘로스 측에 허락을 받은 후 특별한 일이 없는 한국인들은 모두 옷을 깨끗이 갈아입고 한국 상선을 향했다. 나는 진표에게 바이올린 반주를 부탁했다. 한국 상선에서도 우리를 기다리고 있었다. 이미 예배를 드릴 준비도 마쳤다. 그런데 예배를 시작하려는 찰나에 전기가 나가 버렸다. 선장님이 이렇게 말씀하셨다.

"제가 불교 신자인데 예수 믿고 예배까지 드린다고 하니까 부처님이 화가 나셨나 봅니다."

그리스도는 살고 나는 죽는 이야기

그것도 그럴 것이 선장님이 예배 실황을 녹음하려고 스위치를 꼽는 순간, 불이 나갔기 때문이다. 그러나 예배는 기쁨 가운데 무사히 진행되었다.

　　예배를 마친 후 조리장님이 수타 자장면을 만들어 주셨는데 그 맛은 평생 잊지 못한다. 둘로스호가 제노바에 머물고 있는 동안 한국인들은 일주일에 서너 번 정도 한국 상선에 가서 식사했다. 제노바항에서 가장 행복했던 시간은 한국 선원들과의 만남이었다.

　　제노바항에서의 또 다른 추억은 이탈리안 피자를 먹은 것이었다. 이것을 먹기 위해 모두 용돈 타는 날을 손꼽아 기다렸다. 드디어 그날이 되자 우리는 항구에서 가까운 피자 가게로 갔다. 피자 가게는 작았지만 이탈리아 고유의 음식 냄새를 풍겼다. 그것은 곧 올리브유 향과 마늘 냄새, 치즈 냄새였다. 가게 안에는 커다란 화덕 오븐이 있었다. 그 당시만 해도 피자는 한국인에게 그리 친근한 음식이 아니었다. 한국에서 피자를 먹어본 것은 아마 용산 미8군에서였던 것 같다. 그때 먹었던 피자도 얼마나 맛있었는지 모른다. 여하튼 우리는 이탈리안 정통 피자를 먹게 되었다. 그러나 정작 피자를 먹어 보니 도우도 두껍고 뭔가 아쉬움이 남았다. 아마 지금 다시 먹는다면 맛을 제대로 느낄 수 있을 것이다. 배를 타고 각 나라를 전전하면서 내 입맛도 글로벌화되었기 때문이다.

　　제노바항에서는 시간이 정말 빨리 갔다. 한국 선원들과의 교제가 풍성했기 때문이다. 각 항구를 떠날 때마다 이별해야 했지만, 제노바항에서의 작별은 가장 마음이 아팠다. 한국 상선은 해결해야 할 문제가 남아 있어서 그곳에 더 머물러야 했다. 선장님을 위시해서 선원들이 나와 주어서 우리는 배가 떠날 때까지 손을 계속 흔들었다. 그리고 배가 움직이는 방향으로 가면서 계속 손을 흔들었다. 항구는 역시 만남과 이별의 낭만이 그득한 곳이다. 아울러 둘로스호에서의 생활이 내게 흥미를 더해 갔다.

다음 목적지는 그 유명한 나폴리항이다.

폼페이와 로마에서

나폴리항에서 말하고 싶은 이야깃거리도 한두 가지가 아니다. 그 가운데 하나는 "폼페이의 최후"로 유명한 베수비오 화산을 직접 가 보았다는 것이다. 산꼭대기까지 한참 올라가 보니 분화구 여기저기에서 연기가 뿜어져 나오고 있었다. 휴화산이라서 언제 다시 폭발할지 아무도 모른다고 했다.

화산 자체보다는 화석 상태로 보존된 도시였다. 도시의 잔재를 통해 그 옛날 폼페이가 어떠했는지 충분히 상상할 수 있었다. 그 당시에도 이 시대처럼 향락 문화가 발달했고, 소돔과 고모라와 못지않았음을 짐작할 수 있었다. 베수비오 화산을 보고 온 후 한동안 우리는 소돔과 고모라를 멸하기로 한 하나님께 간절히 중보기도를 하던 아브라함을 떠올리며, 모이기만 하면 폼페이에 대한 이야기를 했다. 그리고 현 시대를 진단해 보며 영적 경각심을 갖게 되었다.

그리스도는 살고 나는 죽는 이야기

다행히 가족이 함께 로마에 갈 수 있게 되었다. 둘로스호에서 우리 가족에게 주말이 낀 휴가를 주었기 때문이다. 게다가 기차 왕복권과 약간의 용돈도 받았다. 우리 가족은 모두 들떠 있었다. 빵과 치즈와 잼을 포함하여 여행에 필요한 것을 챙겼다. 유레일을 타는 것부터 신이 났다.

몇 시간에 걸쳐 기차를 타고 로마역에 내렸다. 먼저 둘로스호에서 주선해 준 거처에 전화를 걸어 우리 가족이 로마에 도착한 것을 알렸다. 그리고 지도를 구입하여 앞으로의 일정과 이동수단을 결정했다. 저녁 때가 되면 버스를 타고 우리가 묵을 집으로 가게 될 것이다. 점심 시간에는 아이들과 함께 인근 공원에 갔다. 배에서 가져온 햄치즈 샌드위치를 먹은 후 아이들이 원하는 아이스크림을 사 주고, 우리 부부는 이탈리아에서 유명한 카푸치노 한 잔을 사서 나누어 마셨다.

우리는 원형경기장으로 갔다. 영화에서만 보던 곳을 직접 보니 로마 문화를 좀 더 깊이 이해할 수 있었다. 사실 원형경기장에서 벌어졌던 일들을 상상하면 끔찍하다. 늘 피가 흘렀을 것이다.

원형경기장 주변에 있는 유적을 둘러본 후 우리가 묵을 집으로 향했다. 초면에 너무 늦게 도착하면 실례가 될 것 같아 서둘렀다. 우리는 버스를 두 번 갈아타서 목적지에 도착했다. 우리가 묵게 될 곳은 미국 선교사님이 거주하시는 아파트였다. 공교롭게도 우리가 도착한 날 선교사님댁 아기가 홍역을 앓았다. 선교사님께 죄송하기는 했지만 이미 오래 전에 약속해 놓은 곳이라서 그냥 머물기로 했다.

그닐 저녁 사모님께서는 우리에게 라자니아를 해 주셨다. 난생 처음 먹어 보는 음식이었다. 치즈를 좋아하는 진표에게는 그 맛이 얼마나 맛있었는지 보자마자 후다닥 먹어 치웠다. 나는 내 몫을 먹지 않고 기다렸다가 얼른 내 것을 덜어 진표에게 주었다.

우리 부부는 거실 소파겸용 침대를 사용했고, 아이들은 방에서 잤다. 그날 하루는 거기서 묵었지만 도저히 미안해서 더 머물 수 없을 거 같다는 생각이 들었다.

"아무래도 다른 곳을 알아봐야 할 것 같아."

남편은 전화번호부를 뒤져 한국인 성을 찾아 전화를 걸었다. 다행히 어느 한국인 교인이 전화를 받았다. 그분은 우리에게 로마 한인 교회의 담임목사이신 한평우 목사님의 전화번호를 가르쳐 주었다. 한 목사님과 전화 연결이 되자 남편은 우리 신분을 말하고 자초지종을 설명했다. 다행히 목사님께서 다음날 우리 가족을 데리러 오시겠다고 하셨다. 얼마나 감사했는지 모른다. 그날 밤 잠자리에 들기 전에 선교사님께 하루만 묵고 다음날에는 한인 교회로 가게 되었다고 말씀드렸다.

약속한 대로 다음날, 한 목사님께서 차를 끌고 오셨다. 전날 전화 통화 후 사모님과 의논한 끝에 목사님 댁으로 우리를 데리고 가기로 결정했다고 했다. 차 안에서 이런저런 이야기를 하던 중에 목사님께서는 남편에게 그날 한인 교회에서 설교해 줄 것을 부탁하셨다. 로마 한인 교회에는 한국인 유학생 위주였다. 특히 성악과 기악을 공부하시던 분 가운데 이름이 알려진 분들도 있었다. 첼로리스트인 정명화 씨도 만났다. 성가대의 찬양이 얼마나 아름다웠는지 모른다. 나중에

그리스도는 살고 나는 죽는 이야기

는 성가대 녹음테이프를 선물로 받았다.

예배 후 목사님께서 남편에게 사례비를 주셨다. 우리에게는 과분한 액수였지만 감사히 받았다. 가난했던 우리 주머니가 갑자기 두둑해졌다. 또 목사님께서는 우리 가족을 위해 로마 시내 곳곳을 구경시켜 주셨다. 로마 시내 전체가 박물관 같았다.

"저녁은 저희가 사겠습니다."

모두 맛있게 저녁 식사를 마친 후 목사님 댁으로 돌아왔다.

사모님은 로마에서 많은 유학생을 도우시면서 대모와 같은 역할을 하고 계셨는데 여러 사람을 대하는 것이 많이 힘드셨던 것 같다. 다음 날도 목사님께서 직접 안내하시겠다고 하셨다. 대부분 한인 유학생들이 아르바이트로 안내하지만 우리 형편이 그리 넉넉지 않다는 것을 아시고, 목사님께서 자청해서 직접 해 주셨다.

여러 유적 가운데 카타콤은 아직도 기억 속에 생생하다. 굴 속에 살면서 신앙을 지킨 믿음의 선조들을 생각해 보면서, 미로와 같은 동굴을 구경했다. 직접 가서 보니 우리는 단 하루도 살 수 없을 것 같았다. 그런데도 그곳에서 예배만 드린 것이 아니라 아예 그곳에서 태어나 자라고 생을 마감했던 사람이 많았다.

베드로 성당을 가 보니 그곳에는 "마태의 손가락", "예수님의 발자국" 등 우리로서는 믿기 힘든 것이 많이 있었다. 르네상스 문화 유산이 로마 곳곳에 남아 있었다. 우리 가족은 목사님 댁에서 월요일 하루를 더 머물다가, 버스를 타고 바티칸으로 향했다. 버스에서 내리니 사람들이 모두 한 곳으로 몰려가는 것을 보고 우리도 따라갔다. 광장에는 많은 사람이 모여 있었고, 한국인도 꽤 있었다. 성당 높은 곳에는 폴 추기경이 나와 강론했는데 한마디도 알아들을 수 없었다. 또 바티칸 안에서만 통용되는 화폐가 따로 있었다. 또한 베드로 성당을 빼놓을 수 없는데 성당 안은 미켈란젤로의 성화로 가득했다. 그 높디높은 천장에 어떻게 그토록 아름다운 성화를 그렸는지 존경스럽기 그지없었다.

바티칸을 구경하고 우리는 배로 돌아가기 위해 버스를 타고 역으로 돌아왔다. 목사님께서는 우리를 배웅해 주기 위해 역까지 나와 계셨다. 얼마나 고마웠는지 모른다.

훗날 우리가 케이프타운에 머물 때 남편이 미국으로 가기 위해 이탈리아를 경유한 적이 있다. 그때 다시 한 목사님을 만났다. 우리 가족이 받은 것을 다 갚을 수는 없지만 자그마한 선물이라도 꼭 드리고 싶었다. 반면에 나는 아직도 그분을 뵐 기회가 없어 아직도 사랑의 빚진 자로 남아 있다.

둘로스호는 나폴리항을 떠나서 시칠리아섬으로 향했다.

시칠리아섬에서

시칠리아섬은 그 유명한 영화 "대부" 시리즈를 생각나게 한다. 시칠리아섬에는 아직도 살아 있는 화산인 에드라 화산이 있다. 에드라 화산은 이탈리아의 3대 화산 가운데 하나이다. 산 중턱에는 아름다운

그리스도는 살고 나는 죽는 이야기

집들이 즐비하다.

짬이 날 때마다 우리는 거리를 구경했다. 사람 냄새가 물씬 풍기는 시장 구경이 제일 즐거웠다. 또 항구 옆에는 컨테이너촌이 있었다. 어려운 사람을 위해 시에서 임시로 만든 것 같았다. 나중에 알게 된 사실이지만 북아프리카의 불법 이민자들이 이곳으로 들어온다고 했다. 그러니까 그들을 위한 임시 부락이었던 것이다. 나폴리에서처럼 시칠리아섬에서도 우리 가족은 주말 휴가를 누릴 수 있었다. 미국인 선교사님이 캠프로 사용하는 장소에서 머물게 되었는데 물레방아가 유독 우리의 눈길을 끌었다.

12월이라서 날씨가 제법 쌀쌀했기 때문에 우리 가족은 한 방에 모여 지냈다. 가족들이 모처럼 단란한 시간을 보냈다. 특히 진표와 은표는 배에서와는 달리 차분하게 게임도 하면서 즐거운 시간을 보냈다.

둘로스호는 시칠리아섬에서 성탄절을 맞이했다. 배를 아름답게 장식하고 각 캐빈도 예쁘게 꾸몄다. 나는 친구들에게 배워 케이크를 굽고 예쁘게 꾸미며 이웃에게 선물했다. 배 안의 여성들은 며칠에 걸쳐 쿠키를 구웠다.

둘로스호 안에서는 1년에 두 번씩 각자의 캐빈을 공개한다. 그 가운데 하나가 크리스마스 때이다. 이때만은 남자들도 금남의 영역인 여자 숙소를 볼 수 있고, 여자들 역시도 남자 숙소에 가 볼 수 있다. 나도 최선을 다해 우리 캐빈을 꾸몄다. 독일 주부들이 비교적 집을 아름답게 꾸몄는데 나도 흉내내 보려 애썼지만 그들을 따라갈 수 없었다. 배에서 생활하면서 나는 많은 것을 배웠다. 둘로스호 단장 부인

론다에게서는 바느질을 배웠다. 실제로 옷감을 사서 배에 탄 한국인 싱글들의 옷을 만들어 주기도 했다.

우리 가족에게는 배에서 처음 맞이하는 크리스마스였다. 모두가 예쁘게 차려입고 식당으로 갔다. 식당도 아름답게 장식되어 있었다. 배 안이 온통 크리스마스 분위기로 가득했다. 젊은 싱글들은 정장 차림으로 서빙 준비를 하고 있었다. 메인에서 디저트까지 근사한 음식을 대접받았다. 학교 아이들의 재롱 잔치도 열렸다. 진표랑 은표도 자기들이 배운 솜씨를 자랑했다.

둘로스호는 온종일 주님 오신 날을 축하하며 즐거운 시간을 보냈다. 이렇게 즐겁기만 해도 되나 걱정될 정도였다.

'혹시나 본연의 의무를 잊으면 어떻게 하지?'

그러나 이것은 잠시 스쳐 간 노파심일 뿐이었다. 크리스마스가 지나자 모두가 여전히 자신이 맡은 일을 열심히 했다. 아울러 둘로스호는 시칠리아섬을 끝으로 이탈리아에서의 모든 일정을 마쳤다. 둘로스호는 이제 서부 아프리카로 가게 된다. 아프리카를 가기 위해 모두가 기도하고 준비했다. 먼저 라스팔마스를 경유해야 한다.

라스팔마스─몰타─지브롤터

라스팔마스는 스페인의 영토이다. 라스팔마스에 한국인이 많다는 소문을 듣고 둘로스호의 한국인들은 모두 들떠 있었다. 그러나 라스

그리스도는 살고 나는 죽는 이야기

팔마스에서의 일정은 그리 길지 않았다. 지금 기억으로는 한 나흘 정도 머물렀던 것 같다.

라스팔마스의 한인 교회에서도 둘로스호를 무척이나 기다리고 있다고 했다. 배가 항구에 도착했을 때 많은 한국인이 우리를 보러 마중나와 있었다. 라스팔마스 한인순복음교회 교인들이었다. 꽃다발을 세 개나 준비해 오셔서 하나는 선장님께, 하나는 단장님께, 또 하나는 내 남편에게 주었다.

도착한 날부터 그분들은 배 안의 한국인을 모두 집으로 초대해서 융숭하게 대접해 주셨다. 그리고 수요예배 때는 특별선교집회까지 열어 주셨다. 갖가지 부식과 쌀 그리고 생선도 많이 준비해 주셨다. 그런데 어느 장로님께서 아이들을 위해 쓰라며 내게 200달러를 주시는 것이 아닌가? 원래 둘로스호의 규정에 따르면 배 밖에서의 수입은 헌금으로 내야 한다. 그런데 나는 이 돈으로 재봉틀을 하나 구입하고 싶었다. 그래서 남편에게 이 돈을 어떻게 사용해야 할지 물어보았다. 남편은 단호하게 헌금을 하라고 했다. 배 안에서 필요한 물품일 경우 둘로스호 측에 말하고 허락을 받으면 살 수 있었다. 재봉틀은 당연히 필요한 품목이다.

사실 재봉틀 값도 미리 다 알아봐 두었다. 쓸 만한 것을 사려면 적어도 250달러가 필요했다. 둘로스호 측에 이야기를 좀 해 달라고 남편을 졸랐다. 남편은 처음에는 꺼려 하더니 내가 하도 조르니까 마지못해 말해 주었다. 그런데 뜻밖에도 둘로스호 측에서는 부족한 50달러를 주면서 재봉틀을 사라고 하는 것이 아닌가?

마중 나왔던 한인들이 배가 떠날 때에도 어김없이 나와서 손을 흔들어 주었다. 그분들의 따뜻한 사랑을 뒤로한 채 둘로스호는 몰타를 향해 갔다.

몰타에 도착했다. 몰타는 지중해 중앙에 여러 개의 섬이 모여 있는 제도(諸島)이다. 이곳 사람들은 다른 유럽인과는 좀 달랐다. 흑인도 동양인도 아닌 백인에 가까운 인종이었다.

남편은 현지인들에게 전도하는 방법을 가르쳐 주었다. 그들 가운데 사이먼이라는 이름의 청년이 있었다. 사이먼 덕분에 우리는 몰타의 여러 곳을 돌아볼 수 있었다. 바울이 죄인 신분으로 로마로 압송될때 배가 파선되었던 곳도 가 보았다. 바울의 삶을 떠올리며 모두가 선교사로서의 마음가짐을 새롭게 했다.

이곳 사람들은 부유하지는 못했지만 정이 깊고 순수했다. 그 당시 몰타는 사회주의 국가였기 때문에 북한과 교류하고 있었다. 북한 사람들을 길에서 만나는 경우도 종종 있었다. 한번은 배에서 진행하는 프로그램에 북한 학생도 참석한 적이 있었다. 마침 북테이블이 설치되어 있을 때라서 도서전시장에서 일하시던 송 선교사님은 북한 학생들을 우리 방으로 데려와서 다과를 대접했다. 그다음에는 학생 신분이 아닌 어른들도 함께 왔다. 우리는 대화를 함께 나누고 복음을 전했다. 그들 가운데 한둘은 예수님을 알고 있었지만 말로 표현은 하지 않았다. 같은 민족이면서도 가장 먼 사람들처럼 대해야 하는 현실이었지만 그들에게 복음의 씨를 뿌린 것만으로도 감사했다. 그 이후의 일은 주님이 하실 것이다.

그리스도는 살고 나는 죽는 이야기

어느 공원에 갔다. 공원 안에는 어린이 놀이터가 있었다. 바닥에는 흰색 페인트로 도형이 그려져 있었다. 자세히 보니 우리가 어릴 때 즐겨 놀던 팔방놀이와 같았다. 나는 아이들과 놀면서 팔방놀이를 가르쳐 주었다. 그러나 궁금증은 떠나지 않았다. 우리나라에서 수 만리 떨어진 이곳까지 와서 누가 이 놀이를 가르쳐 주었을까? 아니면 몰타에서 우리나라에 전해 준 것일까? 배에 돌아와 다른 주부들에게 이 놀이에 대해 물어보았다. 그런데 그들 나라에서도 이와 같은 놀이를 한다고 했다.

몰타에는 2주 정도 머물렀다. 많은 사람이 배를 방문했고 덕분에 성경도 많이 팔렸다. 이제 지브롤터만 지나면 아프리카에 도착할 것이다. 지브롤터까지는 가장 긴 항해가 될 것이라고 했다.

바다는 너무도 고요하고 눈부셨다. 마치 유리알 같다고나 할까. 물결 하나 일지 않는 표현이 매끄럽기 그지없다. 내 평생 이렇게 잔잔한 바다를 본 적이 없다. 늘 멀미로 고생하다가 모처럼 갑판에 나와 바다 구경을 했다. 하얀 해파리들이 헤엄치는 모습이 장관이었다. 이따금 큰 물고기가 뛰어오르기도 했다. 이토록 아름다운 자연을 지으신 하나님을 찬양하지 않을 수 없었다. 아이들도 고기를 잡으면서 마냥 즐거워했다.

지브롤터에 도착했다.

지브롤터는 영국령이나 스페인 남부 해안에 위치하고 있어서 스페인 사람들이 많이 살고 있었다. 화폐도 영국의 파운드를 사용했다. 물론 영국 본토의 화폐와는 조금 모양이 다르다. 지브롤터는 바위가 많은 지형으로 원숭이가 떼를 지어 서식한다. 우리는 다른 가족들과 함께 산에 올라갔다. 때마침 원숭이 가족들도 나들이를 한 모양이다. 체구가 작은 원숭이떼가 우리를 반겨 주었다. 아이들은 원숭이를 보고 좋아서 어쩔 줄을 몰라 했다.

어느 날, 느닷없이 프로그램실에서 요청이 왔다. 지브롤터에 있는 어느 스페인 교회의 여성 모임에서 간증을 해 달라는 것이다. 나는 할 수 없다고 완강히 거절했다. 그러나 계속 권유했다. 결국 남편의 도움을 받아 간증하기로 했다. 내가 선교의 길을 택한 이유 등을 간략하게 적어서 외우기 시작했다. 외운 대로만 하면 할 수 있을 거라고 생각했기 때문에 간증 당일만 해도 별 걱정을 하지 않았다. 그러나 예측하지 못한 상황이 벌어졌다. 연습한 대로 잘 말하다가 광표 이야기가 나오자 눈물이 펑펑 난 것이다. 그 이후는 어떻게 수습했는지 기억조차 안 난다. 예배를 마치고 나니 많은 사람이 나에게 와서 큰 은혜를 받았다고 했다. 아마 통역하시던 분이 전달을 잘하신 것 같다.

둘로스호는 지브롤터를 떠나 아프리카의 섬나라 카보베르데를 향했다.

카보베르데에서

카보베르데는 아프리카 서쪽 끝, 세네갈 중부에 위치한다. 카보(cape)는 '곶'이라는 뜻이다. 우리가 카보베르데에 배를 정박할 때 "쿵"

그리스도는 살고 나는 죽는 이야기

하는 소리가 들렸다. 다른 항구에서는 예인선(Tug Boat)이라는 배가 우리를 부두까지 실어다 주곤 했다. 그런데 이 항구에는 예인선이 없었기 때문에 배가 직접 들어오다가 배 한쪽을 부딪친 것이다. 배가 일부 파손되었지만 다행히 인명 사고는 없었다.

배가 도착하기 전부터 원주민들이 부두에서 우리를 기다리고 있었다. 새까만 피부의 원주민들이 어른이나 아이 할 것 없이 바글거리는 것을 보니 정신이 하나도 없었다. 아이들을 얼핏 보니 신발을 신은 아이가 거의 없었다. 옷차림 역시 남루했다. 하루 전만해도 아프라카에 간다는 사실에 한껏 마음이 부풀었었는데 갑자기 마음 한구석이 아렸다. 갱웨이가 내려가자마자 서로 먼저 오르려고 난리였다. 아직 오픈한 것이 아니라며 사람들을 진정시켰으나 돌아갈 기미가 없었다. 그 상태로 계속 기다리겠다는 표정이었다.

다른 한편에서는 배를 수리하는 것 때문에 분주했다. 우리도 사고 난 부분을 보기 위해 갔다. 우리 캐빈에서 바로 한 칸 아래에 구멍이 나 있었다. 용접하느라 소음이 내내 들렸다.

오픈 리셉션을 마치자마자 사람들이 배에 올랐다. 그러나 워낙 많은 사람들이 한꺼번에 올랐기 때문에 안전을 위한 통제가 필요했다. 대다수가 학생들이었다. 아이들의 얼굴에는 환한 미소가 넘쳤지만 왠지 측은한 마음이 사라지지 않았다.

시장을 구경하러 나섰다. 어딜 가나 사람들의 표정이 얼마나 밝고 생기가 넘치는지 모른다. 그들이 가난하다고 해서 불쌍하게 생각하는 것은 우리의 편견일 수 있다. 가난은 그들의 삶의 일부이고, 그들은 그것 때문에 불행하다고 생각하지 않는다. 그들은 모두 가난하기 때문에 남과 비교하며 자신의 행복을 확인하지도 않는다. 물질주의 사고 방식에 길들여진 우리의 눈에만 그들이 불쌍하게 보일 뿐이다.

시장은 의외로 작았고, 파는 물건도 고작 내장과 고기 정도가 전부였다. 파리떼가 득실거렸지만 장사하는 사람들은 파리를 내쫓지 않았다. 아프리카라서 바나나는 많겠거니 생각했는데 시장 안에 있는 바나나를 다 긁어모아도 얼마 되지 않을 듯했다. 그것도 아주 작고 시들어 볼품이 없었다. 물론 비교적 번드르한 상점도 눈에 띄었다. 외국인들을 위한 상점 같은데 물건 값은 달러로만 지불해야 했다. 상점을 둘러보다가 한국인을 만났다. 이야기를 건네 보니 북한 사람이었다. 이곳에도 북한 사람들이 많다는 말을 들은 적이 있다. 우리는 안부 정도만 나누고 상점을 빠져 나왔다.

카보베르데에 도착한 지 얼마 안 되어 "국제의 밤"을 열었다. 광장에서 행사를 치르는데 모래 바람이 불어왔다. 내 평생 그런 모래 바람은 처음이었다. 사하라 사막에서 불어오는 바람인 듯했다. 모래 바람 때문에 우리 가족은 돌아다니기보다는 배 안에 주로 머물렀다. 아이들 때문이었다. 아프리카 땅을 밟긴 밟았는데 실감이 나지 않았다.

짧은 기간인데도 정이 들었는지 많은 사람이 부두에 나와 배웅해 주었다. 우리 마음은 무거웠지만 그들은 밝게 찬양했다. 아프리카 특유의 화음이 어찌나 아름답던지 우리 마음속의 풍랑을 잠잠케 했다. 그리고 우리의 눈가를 적셨다.

둘로스호는 카보베르데를 떠나 세네갈을 향했다.

그리스도는 살고 나는 죽는 이야기

세네갈에서

세네갈의 수도 다카르의 분위기는 카보베르데와는 완전히 다르다. 배가 닿기도 전에 부두에는 많은 사람이 몰려 있었다. 둘로스호가 부두에 닿자 우리를 환영하는 찬송 소리가 구수하게 들렸다. 아프리카 특유의 화음이 아름다웠다. 연이어 부르는 찬송을 들으며 하나님이 세네갈에서 행하실 일을 기대했다.

카보베르데와는 달리 세네갈의 사람들은 눈빛이 반짝이면서 생동감이 넘쳐났다. 다카르항에는 우리뿐만 아니라 여러 나라 상선이 들락거렸다. 원주민들은 이들에게서 돈 냄새를 맡고 각종 물건을 팔았다. 길거리마다 각종 목공예품이 즐비했다. 나는 용돈으로 까만 흑단으로 만든 코끼리 목각을 샀다.

또 한 가지 인상적이었던 것은 길거리에 있던 이발사들이었다. 깨진 유리거울을 걸어 놓고 사람들의 머리를 깎아 주는 이발사가 많았다. 그 옆에서는 바나나 튀김과 구운 마늘을 팔았다. 머리카락이 흩날려 들어갈까 봐 걱정되었다. 그러나 그들은 개의치 않았다. 돈이 될 만한 것이라면 하나라도 더 들고 나와 파는 것이 대수였다. 그러다 보니 시장이 활기찰 수밖에 없었고, 사람들 또한 생동감이 넘칠 수밖에 없었다.

한때 프랑스의 식민지였던 흔적이 세네갈에는 아직 많이 남아 있다. 프랑스의 느낌이 나는 화려한 도시가 형성되어 있고, 휴가로 온 듯한 유럽인이 꽤 눈에 띄었다. 이곳에 한국인도 살고 있고, 한인 교회가 있다는 말에 놀랐다. 물론 그 수는 그리 많지 않았다. 어른이 20여 명 남짓했는데 대사관과 주재원 가족이 대부분이었다. 그 가운데는 이시영 대사님도 계셨다. 그분은 다카르에서 대사로서의 직무를 수행하면서 한인 교회를 돕고 계신다.

어느 날 대사님 부부가 우리를 찾아오셨다. 한인 교회는 대사님이 예배도 인도하시고, 설교도 하시고, 반주도 하신다고 했다. 대사님이 다녀가신 후에 우리는 한인 교회의 초청 예배에 참석했다. 첫째 주에는 남편이 설교를 맡았는데 예배를 마치고 식탁 교제를 나누며 즐거운 시간을 보냈다.

대사님께서 둘로스호에 있는 한국인을 모두 사택으로 초대하셨다. 사택 건물도 아름다웠지만 푸짐하게 차려진 한국 음식을 보니 행복했다. 대사님께도 아들과 딸이 있었다. 여름방학 동안 두 자녀를 둘로스호에 태워서 훈련하면 좋겠다고 말씀하셨다. 그 후 용국과 용선 두 자녀는 약 6개월간 둘로스호를 타고 훈련을 받았다. 둘 다 영어와 불어가 능통해서 주로 통역하는 일을 맡아서 했다.

세네갈의 다카르는 아프리카에서도 경제적으로 제법 윤택했다. 아마 주민들의 활발한 상업 활동이 한몫한 듯하다. 각 나라마다 재래 시장에 가 보면 그 나라의 초상화를 보는 것 같다는 생각을 했다. 세네갈의 재래 시장은 물건도 많고 먹거리도 풍성했다. 그러나 물건을 도둑맞지 않도록 조심해야 한다고 누군가 귀띔해 주었다. 둘로스호가 정박하던 날 실제로 우리 배에 탔던 어느 한 분이 배 밖으로 나가자마자 시계를 날치기당한 사건이 있었다. 또 이들에게 집을 맡겨 놓고 어

그리스도는 살고 나는 죽는 이야기

딘가에 다녀오면 마치 이사라도 간 듯 집안이 텅텅 빈다고도 했다. 경찰에게 호소해 봤자 소용없다고 했다. 억울해도 참는 수밖에 없었다.

　어느 새 다카르에서의 3주를 보내고 둘로스호는 감비아로 향했다.

감비아에서

　둘로스호가 무사히 감비아에 입항했다. 사실 우리는 아프리카에 도착하기 전부터 말라리아 약을 먹기 시작했다. 아프리카에는 모기가 많았다. 아프리카에 모기가 많은 것은 이미 겪어서 잘 알고 있었지만 감비아의 모기는 상상을 초월했다. 거짓말을 하나도 안 보태고 갑판에 서서 손으로만 잡아도 한 움큼이었다.

　감비아에 도착하니 정말 반가운 분이 계셨다. 그분은 바로 세네갈 한인 교회에서 세례를 받으셨던 황 선장님이시다. 배가 부두에 닿자마자 우리는 뛰어나가 황 선장님을 맞이했다. 선장님은 커다란 자루를 들고 오셨다. 그 자루를 우리 방에 쏟아부으시는데 크고 먹음직스러운 애플 망고가 우르르 쏟아져 나왔다. 적당히 익어서 붉은빛을 띠고 있었고, 약간 말랑한 망고는 정말 맛이 있었다. 배에 탄 한국인 식구 수대로 망고를 나누었다. 그런데 우리 은표가 망고를 어찌나 좋아하던지 망고 알러지로 피부가 빨갛게 되었다.

　감비아의 수도는 반줄이다. 대통령 관저로 가는 길을 제외하고는 모두 비포장도로였다. 자동차 역시 낙후되어 있었고, 어쩌다 본 택시는 한국의 '포니'였다. '포니'가 언젯적 차이던가! 그래도 우리나라 차를 보니 반가웠다. 황 선장님은 이곳 대통령 소유의 아파트에 살고 계셨다. 우리 배에서 그리 멀지 않은 곳에 아파트가 있어서 우리는 걸어서 선장님 댁에 종종 놀러 갔다. 또 한인 선교사님들이 그 아파트에 모여 예배를 드리기도 했다.

시장에 가 보니 사람들이 북적댔다. 망고는 곳곳에 널려 있었으나 야채나 과일은 귀했다. 그러다 보니 둘로스호에서도 부식으로 특별히 살 것이 없어서 아침에도 망고, 점심에도 망고, 저녁에도 망고를 먹었다. 망고 쨈, 망고 푸딩, 망고 아이스크림 등 온통 망고가 들어 있었다. 그래도 우리는 감비아가 좋았다. 옷감을 파는 곳은 많았다. 광목 원단에 바틱(아프리카 전통 나염 방식)물을 들인 것이다. 아프리카 옷감은 주로 자수와 바틱이 특징이다. 아프리카 여인들은 통으로 된 옷에 수를 놓아 입었는데 시원해 보였다. 내게도 아프리카 옷이 한 벌 있다. 세네갈에 있을 때 이 대사님의 사모님이 아프리카 옷을 주신 것이다. 무명옷감에 노란색을 들인 고운 옷이다.

감비아는 이슬람 국가이다. 우리가 방문했을 때는 마침 라마단 기간이었다. 낮에는 물 한 방울도 안 마신다고 하여 수도에 입을 대고 물었다가 뱉어 냈다. '정말 한 모금도 안 삼킬까?' 하는 짓궂은 의문이 생겼다. 선교사님께서 우리 가족을 바닷가로 데려가셨다. 영화 "뿌리"에 등장했던 바다였다. 그곳에서 백인들은 수많은 흑인을 노예로 팔았다. 이 평화롭고 아름다운 곳에서 잔혹한 행동을 한 백인들에게 화가 났다. 아름다운 백사장을 거닐면서 노예로 팔려 갔던 쿤타킨테

　　　　　　　　그리스도는 살고 나는 죽는 이야기

를 떠올렸다.

아프리카는 황량하지만은 않았다. 흑갈색의 흙과 우거진 정글, 간간히 호수가 있었다. 이 아름답고 비옥한 땅이 빈곤의 땅이라는 것이 믿어지지 않았다. 아프리카에서는 땅콩 농사를 많이 짓는다. 그러나 수확물은 거의 모두 영국에서 가져 간다고 하니 속상했다.

이곳에 있는 몇몇 가정을 방문할 기회가 생겼다. 지붕은 우리나라 초가지붕과 비슷하고 집은 주로 흙으로 지어졌다. 무슬림들은 일부다처제여서 대개 한 가정에 서너 명의 아내를 두고 있다. 이들은 마를 주식으로 한다. 마를 삶아 먹기도 하고, 토마토나 마른 생선, 양파, 땅콩을 넣어 찌개처럼 만들어 먹기도 한다.

우리는 감비아에서 선교활동을 하시는 이재한 선교사님을 만났다. 전기가 없는 이곳에 다행히 선교사님 댁은 발전기를 돌려 전기를 사용했다. 또 가스를 사용하는 냉장고도 있었다. 그래서 이웃에 사는 추장 부인이 얼음을 가끔 얻으러 오는데 그때마다 망고를 마당에 부어 놓고 갔다. 마당에는 우물이 있었는데 물이 뿌옜다. 그 물을 걸러 식수로 사용한다고 했다. 걱정이 많이 되었다. 그러나 이런 상황에도 아랑곳하지 않고 사역하시는 선교사님 가족이 존경스러웠다.

마당 옆에는 손수 만든 샤워실이 있었다. 우물물을 가라앉힌 후 샤워실 꼭대기에 설치된 물 조리개 같은 것에서 물이 흘러나오게 했다. 마치 꽃밭에 물을 주는 것과 같았다. 그런데 갑자기 아이들이 선교사님 마당으로 몰려들어오는 것이 아닌가? 알고 보니 두더지와 같은 큰 쥐를 잡기 위해서였다. 이 큰 쥐는 아이들에게 좋은 먹거리였다.

둘로스호는 감비아를 떠나 기니비사우를 향했다.

기니비사우에서

기니비사우는 서부 아프리카에서 아주 작은 나라이다. 아프리카에서 유일하게 포르투갈 식민지이기도 했다. 기니비사우에 도착하니 둘로스호 측에서 우리에게 용돈을 주었다. 그런데 단장님께서 우리가 받은 용돈을 이 나라에서 모두 쓰고 가라고 말씀하셨다.

돈을 쓰려면 아무래도 시장으로 가야 했다. 물론 각 나라에 도착할 때마다 늘 재래 시장은 빼놓지 않고 간다. 이곳의 시장은 배에서 멀리 떨어져 있었기 때문에 한참 걸어야 했다. 시장에 가 보니 사람들이 길게 줄을 서 있었다. 왜 그런지 궁금해서 물어 보니 국제 기구에서 보내온 옥수수죽을 먹기 위해서라고 했다.

재래 시장 말고도 일반 마켓이 하나 있긴 했다. 그런데 달러만 사용할 수 있다고 했다. 다른 가게를 찾아 나서니 작은 가게 몇몇이 눈에 띄었다. 이들 가게 주인은 대부분 인도인이 아니면 레바논 사람이었다. 이들은 주로 옷감, 주방도구, 플라스틱 제품을 팔았다. 우리가 가진 돈으로 살 만한 물건을 찾아 몇 바퀴나 둘러보았지만 결국 하나도 찾지 못했다. 게다가 아프리카라서 바나나가 넘쳐날 것이라고 생각했는데 웬일인지 바나나도 눈에 띄지 않았다. 어쩌다 눈에 띈 바나나는 작고 못생겼다. 결국 우리는 갖고 있던 돈을 거리에서 구걸하던

그리스도는 살고 나는 죽는 이야기

사람들에게 주고 바로 돌아가기로 했다.

그때 한 소년이 우리를 쫓아오더니 그림 하나를 내밀었다. 아프리카의 초가집과 바닷가가 그려진 그림이었다. 우리는 반 달치 용돈을 주고 그 그림을 샀다. 그 그림이 어느 정도의 가치가 있는지는 알 수 없지만 분명한 사실은 소년이 기뻐서 어찌할 바를 몰랐다는 사실이다. 우리는 그 그림을 방에 걸어 놓고, 그 그림이 얼마나 귀한 것인지 오는 사람들에게 설명해 주었다. 우리가 떠난 후에도 그 그림은 여전히 우리 방에 걸려 있었고, 그 후 그 방에 살게 된 우리 조카 정훈이가 우리 대신 그 그림에 대한 이야기를 전했다고 한다. 이 이야기는 한 가지 사실을 말해 준다. 그것은 바로 이들에게 절실한 것은 복음과 더불어 빈곤에서 해방되는 것이라는 점이다.

기니비사우, 과연 우리가 이 땅을 다시 밟게 될까? 그러나 우리가 뿌린 복음의 씨앗은 언젠가 싹을 틔우고 잎이 자라 열매를 맺을 날이 오리라.

세라리온에서

서부 아프리카의 세라리온에 도착했다. 늘 그러하듯이 남편은 은표를 목마 태우고 나는 진표와 함께 갱웨이가 내려갈 때까지 기다리다가 얼른 뭍에 발을 디뎠다. 아프리카의 여느 지역과 마찬가지로 이곳 부두는 인산인해였다. 그리고 둘로스호에 오르기 위해 사람들은 줄을 서서 기다렸다.

　우리 가족은 붐비는 이곳을 빠져나와 부두를 걸었다. 곡물을 잔뜩 실은 배에는 많은 흑인이 일하고 있었다. 일을 끝내고 배에서 내리는 흑인 인부들의 바지는 모래주머니라도 찬 것처럼 빵빵했다. 식량이 충분하지 않고 가난을 벗삼아 지내는 아프리카에서 흔히 볼 수 있는 일이라고 했다. 선원들도 그 정도는 모른 척한다고 했다. 비록 몰래 가져온 곡식이기는 해도 가족들에게는 기쁨이 될 것이다.

　세라리온에 도착한 다음날 대사님 내외가 방문하셨다. 마침 점심 시간이라서 식당에서 식사를 함께했다. 둘로스호는 이따금 방문하는 손님들과 함께 식사할 수 있도록 배려해 준다. 게다가 우리 가족은 '전씨 가족'이라고 표시된 식탁에서 식사하기 때문에 대사님 부부를 초대하는 것이 수월했다. 하루 세 끼 가운데 점심이 가장 간단하기는 해도 음식은 제일 맛있었다. 식사를 마치고 대사님 부부는 우리 캐빈을 둘러보시고는 열 평 남짓한 아파트와 같다고 했다.

　배에 있는 한국인 모두가 대사관 관저에 초대받았다. 아프리카의 정취가 물씬 풍기는 아름다운 관저였다. 나그네를 후하게 대접하셨던 그분들, 지금은 모두 어디에 계시는지 알 수 없지만 하나님이 대신 보답해 주시리라고 믿는다. 또한 내게도 언젠가 객을 대접할 기회가 주어진다면 똑같이 베풀겠다고 다짐했다.

　이곳에서도 많은 결신자를 얻었다. 아프리카 곳곳에 주님이 준비시킨 사람들이 정말 많다는 것을 확인할 수 있었다. 육신을 위한 양식은 부족해도 영의 양식을 풍성하게 나눌 수 있어 다행이었다.

　　　　　　　　　　　그리스도는 살고 나는 죽는 이야기

어느새 세라리온을 떠날 시간이 되었다. 우리 배는 라이베리아를 향해 순례의 항해를 계속했다.

라이베리아에서

라이베리아는 아프리카에서 유일한 미국 식민지 국가이다. 우리가 항구에 도착했을 때만 해도 내란이 있을 때라 무장 군인들이 우리가 배 밖으로 나가는 것을 통제했다. 라이베리아에도 한국 대사님이 방문하셨는데, 한국인들을 모두 대사관저 만찬에 초대하셨다.

라이베리아에서는 미국처럼 달러를 사용했다. 모양이나 환율은 미국 달러와 달랐다. 라이베리아에도 한인이 많았다. 세계 곳곳에 한국인이 없는 곳이 없는 듯하다.

입덧으로 고생하시는 사모님 한 분을 이곳에 거주하는 한인 한 분이 자기 집으로 초대했다. 나도 사모님을 따라 그 집을 방문했다. 집도 크고 정원도 아주 넓었다. 그분은 의류 판매업을 하고 계셨다. 한국에서 의류를 대량으로 떼어다가 다시 손질하고, 다림질하고, 포장해서 새 상품으로 탄생시켰다. 의류 매장에 가 보니 아이 옷에서 어른 옷까지 그 종류가 다양했다. 라이베리아의 수도 한복판에 제법 그럴싸한 한국인 의류 매장을 차리신 것이다. 점원들도 여럿 있었다. 이 먼 나라까지 와서 장사하시는 그분의 용기에 감탄했다.

한국인이 있는 곳에는 한인 교회도 있다. 규모는 작지만 함께 모여서 찬양하고 예배를 드린다. 또 자녀들에게 한국어를 가르치기도 한다. 이처럼 한국인들은 꿈을 키우며 열심히 아름답게 살고 있었다. 아프리카 서부에도 한인 디아스포라가 많았다. 다시금 한국인의 저력을 확인했다.

둘로스호가 길게 기적 소리를 내면서 라이베리아를 떠나 아이보리 코스트를 향했다.

아이보리 코스트에서

아이보리 코스트는 서아프리카 남서부에 있는 "코트디부아르" 공화국이다. 영어권에서는 코트디부아르를 "아이보리 코스트"로 부른다.

아이보리 코스트에서도 많은 사람들이 우리를 보러 마중 나와 있었다.

'이곳에도 한국인들이 살고 있을까?'

물론이다. 이곳에도 한국인들이 살고 있고, 한인 교회도 있다. 특히 이곳에는 정부에서 파견한 의사들이 한국의 슈바이처처럼 일했다. 그 가운데 우리 가족은 어느 한 의학 박사님 댁에 초대받았다. 우리는 그분이 차려 주신 진수성찬을 배불리 먹은 후 그분이 운영하시는 병원을 방문했다. 나는 어릴 때부터 슈바이처처럼 아프리카에 가서 불쌍한 사람들을 돕고 싶었다. 그런데 내 꿈처럼 실제로 일하고 계신 분

그리스도는 **살고 나는 죽는** 이야기

을 만나 보니 가슴이 뛰었다. 물론 그분은 아직 그리스도인이 아니었지만 자신의 소명을 깨닫고 선한 일을 하는 데 힘쓰셨다.

아비장은 코트디부아르의 수도이다. 한때 프랑스 식민지였기 때문에 크고 아름다운 건물이 즐비한 도심 풍경이 파리를 방불케 했다. 이따금 백인 관광객들도 눈에 띄었다. 코트디부아르는 "상아의 나라"이다. 그래서 백인들이 "아이보리 코스트"라고 이름을 지었나 보다. 우리가 방문했던 한인 가족들에게서도 상아로 만든 장식들을 자주 하고 다니는 것을 볼 수 있었다. 나도 상아 팔찌를 하나 받았는데 아직도 간직하고 있다. 세상에는 귀한 물건이 많이 있지만, 내게는 사람이 가장 귀한 것 같다. 가는 곳마다 만나게 되는 사람들이 내게는 보물이다.

어느 날, 둘로스호 프로그램 팀에서 한국 교회가 부흥한 비결을 말해 달라는 부탁을 받았다. 나는 거절할 수 없어서 응하기는 했지만 며칠 동안 걱정이 떠나지 않았다. 남편은 영어가 능통하니 별 문제가 없겠지만 나는 이제 막 입을 뗀 수준이라 30분을 어떻게 채울지 막막하기만 했다. 그래도 일주일 동안 원고를 준비하여 열심히 외웠다.

드디어 운명의 날이 왔다. 원고를 들고 단에 섰는데도 긴장되었다. 게다가 통역을 맡은 자매가 내 말이 끝나기도 전에 통역을 하는 바람에 당황했다. 나중에 그 자매에게 내 영어를 알아들을 만한지, 또 어떻게 내가 할 말을 미리 알고 통역했는지 물어보았다. 그랬더니 그 자매가 하는 말이 얼마 전 내 남편의 설교를 통역했는데 그 설교와 내용이 같아서 저절로 통역이 나왔다고 했다. 나는 자매가 한 말을 듣고 웃음이 나왔지만 다행이구나 싶어서 감사했다.

둘로스호는 아이보리 코스트를 떠나 가나를 향했다.

가나에서

가나의 테마항에 도착했다. 테마항은 다른 아프리카의 여느 항구보다도 컸다. 항구에 도착하자마자 우리는 언제나 그러했듯 부두로 나갔다. 그런데 여기저기서 한국말이 들렸다. "안녕하세요?", "영자 씨!" 한국말인 것은 분명한데 그 의미를 이해할 수 없을 뿐더러 한국인은 눈에 띄지 않았다. 나중에 알고 보니 그곳에 한국인 핏줄을 이어받은 아이들이 있다고 했다. 한국 어부들이 그곳에 들렸다가 가나 여인들과 관계를 맺고는 그냥 떠나버리는 경우가 종종 있다고 했다. 한인 선교사님이 하시는 말씀에 따르면 가나 여인들이 한인 교회에 찾아와서 아이의 아버지를 찾아달라고 부탁하는 경우도 있다고 한다.

선교사님이 가나에 와 보니 사람들이 웅덩이 물을 길어다가 그냥 마신다고 했다. 어떤 웅덩이인지는 나도 직접 보았다. 어릴 때 자연 교과서에서 배운 괭이밥이며, 개구리이며, 소똥들이 널려 있는 곳에 있는 흙탕물 구덩이였다. 선교사님은 도저히 안 되겠다는 마음에 마을마다 정수통을 설치해 주셨다고 한다. 정수통이란 다름 아닌 커다란 드럼통에 모래, 숯, 자갈 등을 넣고 길어온 물을 부은 후 수도꼭지를 통해 나온 물을 마시게 한 것이다. 가나 정부로부터 보건복지장관

그리스도는 살고 나는 죽는 이야기

상을 수상한 것도 아마 이런 공로 때문이 아닌가 생각한다.

주일 예배에는 제법 많은 한인이 모였다. 예배를 마친 후 진수성찬이 준비되어 있었다. 이렇듯 가는 곳마다 한인들의 대접을 받다 보니 빚을 지는 느낌이었다. 우리도 우리가 어느 곳에 정착하든지 꼭 대접하리라고 생각했다. 그래서 케이프타운에서 사역할 때 이따금 우리 집에 방문하는 손님들을 극진히 대접했다. 또한 이곳은 영어를 사용하는 나라여서 나중에 선교지로 택하는 것도 좋겠다고 생각했다. 한인들도 제법 많이 모인 곳이라서 외롭지 않을 것 같았다. 이곳 재래시장은 주변 국가에 비해 먹을 것이 많았다.

가나에 있는 한 교회에서 설교해 달라는 요청을 받았다. 그 교회의 담임목사님은 여자 분이셨는데, 예배가 시작하기 전 교회 사무실에 나를 불러 각 부서 책임자들을 소개해 주셨다. 예배 시간은 거의 3시간이었지만 설교 시간은 단 10분 정도였다. 나머지 시간은 찬양과 춤, 간증이었다. 헌금 시간에는 백 명이 넘는 사람들이 모두 나와 줄을 섰다. 그리고 한 사람씩 찬양하고 춤을 추면서 헌금했다. 그중에는 돈을 넣지 않더라도 바구니에 넣는 시늉을 하는 사람들이 꽤 있었다. 아마 자기 자신을 드린다는 표현일 것이라고 생각했다.

예배 후 애찬 시간에는 국과 구운 마 같은 것이 나왔다. 그런데 국 속에 있는 고기가 토끼고기라고도 하고, 들쥐고기라고도 해서 차마 먹지 못했다. 교인들에게 미안한 마음은 있었지만 도무지 내키지 않았다.

배는 가나를 떠나 보고를 향했다.

토고에서

　토고는 난생 처음 들어 보는 생소한 나라였다. 우리나라는 1974년에 토고와 국교를 단절한 적이 있다. 그 후 1991년에 다시 국교를 수립했다. 토고는 2006년 FIFA 월드컵을 통해 우리 국민에게 많이 알려졌다.

　우리가 토고를 방문했을 때에는 한국인을 만날 수 있을 거란 기대는 하지 않았다. 물론 북한 대사관이 있으니 북한 사람들을 만날 수 있을 거란 생각은 했다. 그런데 시장에서 한국인을 만나게 되었다. 그분은 재미교포였는데 시장에서 가루비누를 팔고 계셨다. 미국에서 가져온 가루비누를 비닐봉지에 담아 파는데 인기가 아주 좋다고 했다. 가루비누라면 우리나라에서는 60년대 말, 내가 중학생이었을 때 처음 봤던 것 같다. "하이타이"라는 이름의 가루비누가 어찌나 신기했던지 모른다. 물과 만나 거품을 내는 것이 하도 신기해서 그것으로 머리를 감은 적도 있다. 아마 토고 사람들도 가루비누를 대했을 때의 느낌이 우리와 같았을 것이다.

　토고에서 유난히 눈길을 끌었던 것은 멸치보다 큰 생선을 잡아 땅바닥에 널어 말린 후, 그 옆에 불을 피워 훈제하는 장면이었다. 시장에서는 훈제된 생선으로 국을 끓여 마와 함께 팔았다.

　둘로스호의 다음 목적지는 카메룬이었다. 카메룬에서는 체인지오버(changeover)가 있었다. 체인지오버는 1년마다 있는데 1년 또는 2년의 기한이 찬 사람은 돌아가고, 둘로스호는 새로운 사람들을 맞이한

　　　　　　　　　　그리스도는 살고 나는 죽는 이야기

다. 한국인 가운데서도 이번에 떠나는 사람들이 여럿 있었다. 그들은 떠날 준비를 하느라 벌써부터 분주했다. 또 새로운 사람들을 맞이할 기대에 모두 들떠 있었다. 이런저런 이유로 토고에서 보낸 2주는 유난히 빨리 지나갔다.

카메룬을 향해 항해하는 동안 배 안은 유난히 분주했다. 그동안 정들었던 사람들을 위한 송별 파티를 했다. 떠나는 사람들은 배에서 사용했던 소지품을 물려 주기도 했다. 사람들은 분주했지만 배는 느긋하게 항해했다. 우리가 탄 배는 그 유명한 "타이타닉"보다 2년 늦게 만들어진 낡은 배로 사람 나이로 따지면 칠순이 넘었다. 항해 속도는 대략 13노트(kn)였는데 항해 중 간혹 엔진이 꺼지면 에어컨 가동이 멈추기도 했다. 그럴 때면 모두 더위와 씨름해야 했다. 수리가 끝나면 모두 환호성을 질렀고, 배는 유유히 항해를 계속했다.

다음 목적지는 카메룬의 두알라였다.

카메룬에서

우리는 카메룬의 두알라에 무사히 도착했다. 부두에는 현지인들로 가득했고, 아프리카 고유 가락의 환영 찬송 소리가 은은하게 울려 퍼졌다. 위풍당당한 노장 둘로스호가 서서히 항구에 들어설 때에는 마치 영화의 한 장면을 보는 기분이었다.

카메룬은 시금까지 방문했던 아프리카 국가들보다는 살기 좋아 보였으나 영어권이 아니라 불어권이라 우리로서는 답답했다. 그러나 어느 곳이든 잠시 머물다가 떠나야 했기 때문에 그 답답함도 스쳐 지나는 과정이었다. 하지만 우리 배에 있던 한 선교사 가족은 이곳을 영구적 선교지로 선택했다. 그래서 이곳을 떠날 때에 아예 그분들의 소유물을 어느 한인 집사님 댁에 다 맡겼다. 그 후 지금까지 그분은 거의 30년 동안 카메룬을 한결같이 섬기고 있다.

카메룬은 또 한 번 우리를 흥분하게 한 곳이다. 물론 배에서의 사역은 프로그램에 맞추어 착착 진행되었다. 우리 가족도 배에서 요청하면 한복을 곱게 차려입고 특송을 하기도 했다. 남편은 줄곧 전도팀에서 훈련을 담당했다. 나는 일주일에 두 번씩 선상에서 가게 일을 맡아서 했다. 그 외에는 아이들과 주부 기도 모임에 일주일에 한 번 정도 참석했다.

그러나 이번에는 나도 전도 훈련 프로그램에 두 주간 참여해야 했다. 특히 개인전도와 노방전도를 하는 방법을 배우고, 전도에 필요한 성경구절도 영어로 외워서 시험까지 봐야 했다. 감사하게도 이 모든 것을 무사히 다 해 냈다. 물론 내 힘만으로 해 낸 것은 아니다.

토고에서는 한인들과의 만남이 없어서 아쉬웠다. 물론 이곳에도 한인들이 많지는 않았지만 한인 교회가 있었고, 둘로스 측에서도 남편이 주일에 한인 교회를 전적으로 돕는 것을 허락했다. 예배를 마친 후에는 교인들이 우리를 아름다운 휴양지로 안내해 주었는데, 덕분에 우리는 쉼을 통해 새 힘을 얻을 수 있었다.

이곳 한인들 다수가 가족이 함께 사업하거나 상사로 나온 분들이

그리스도는 살고 나는 죽는 이야기

었다. 독특하게도 사진관을 운영하시는 집사님 한 분이 계셨는데 그분의 말씀이 사진을 찍고 45분 후면 현상되는 것을 보고 흑인들이 매우 신기해했다고 한다. 그리고 애용하는 사람들이 많아 사업이 번창해서 가봉에서 사업하시다가 카메룬에서 개업하셨다고 한다. 훗날 우리가 케이프타운에서 선교 사역을 할 때 그분이 우리를 찾아오셨다. 그분은 남아공 북부 지역에 사진관을 또 개업하셨다고 했다. 우리나라에서도 해외에서 성공한 한국인으로 TV에서 소개되기도 했다.

두알라 항구에서는 체인지오버가 있었다. 그동안 정들었던 식구들을 떠나보내는 슬픈 이별의 시간이었다. 반면에 새로운 가족을 맞이하는 기쁨도 있었다.

둘로스호는 다음 목적지인 나미비아를 향했다.

나미비아에서

우리는 나미비아의 월비스베이에 도착했다. 월비스베이는 나미비아의 주요 항구 도시이다. 유럽인이 가장 많이 찾는 나미비아의 휴양 도시이기도 하다. 이곳에서는 한인들을 도통 만날 수가 없었다. 우리는 나미비아 내륙에 있는 한 교회를 소개받아 주말을 그곳에서 지내며 사역을 돕기로 했다. 우리 식구는 간단히 짐을 챙긴 후 배 밖으로 나왔다. 다행히 우리 가족을 태워다 주실 목사님 부부를 만났다.

그분은 광활한 사막길을 지나다가 차를 잠시 세우셨다. 그러더니 우리에게 그 유명한 나미비아의 모래언덕(샌듄)을 직접 걸어 보라고 하셨다. 모랫길을 걷는 것은 쉽지 않았다. 발을 디딜 때마다 푹푹 빠졌다. 아이들은 처음에는 재미있어 했지만 힘이 드는지 아빠에게 도움을 청했다. 남편은 은표를 업고 모래언덕 정상까지 올랐다. 그러나 모래언덕 위에 이르자 놀랄 만한 풍경이 펼쳐졌다.

해가 지자 기온이 약간 떨어졌다. 그때가 9월이었으니 우리나라의 이른 봄처럼 쌀쌀했다. 올라갈 때는 힘이 많이 들어 땀을 뻘뻘 흘렸으나 내려올 때는 식은 죽 먹기였다. 미끄럼을 타듯 엉덩이로 밀고 내려오니 순식간이었다. 우리네 인생처럼 오르막이 있으면 내리막이 있구나 하고 생각했다. 운전하시던 목사님께서 먹어 보라면서 구와바라는 열매를 주셨다. 먹긴 먹었으나 향도 그렇고 속에 들어 있는 씨앗도 도무지 내 입맛에 맞지 않았다. 결국 도중에 차를 멈추고 모두 토해 버렸다.

저녁 무렵이 되어서야 목적지에 도착했다. 우리는 목사님 숙소에서 하루를 머물기로 했다. 깨끗하고 조용한 방에서 여장을 푼 후 저녁을 먹었다. 목사님 형편이 그리 넉넉지 않은 터라 화려한 식탁은 아니었으나 정성이 넘쳐났다. 어쩌면 우리를 먼저 대접한 후 남은 것을 목사님네 아이들이 나누어 먹을지도 모른다는 생각이 들었다. 그 옛날 우리 집에서도 손님이 오면 손님을 먼저 대접하고, 우리 형제들은 손님이 남기고 간 것을 나누어 먹은 적이 있기 때문이다.

그 교회에서 토요일과 주일을 보내고 월요일에 다시 배로 돌아왔다. 마치 내 집에라도 돌아온 것처럼 편하고 좋았다. 전에는 몰랐던

그리스도는 살고 나는 죽는 이야기

새로운 경험이었다.

　다음 목적지는 케이프타운이다. 케이프타운은 세계 3대 미항 가운데 하나이다.

3장

사역의
새로운 장이
열리다

우리 갈 길을 보이시다

 아프리카 관문인 케이프타운과 테이블 마운틴의 그 웅장함과 아름다움을 어찌 말로 표현할 수 있을까? 남아프리카공화국의 대명사 같은 테이블 마운틴. 이곳은 6백만 년 넘게 비와 바람을 견뎌 내면서 테이블 모양으로 다듬어진 곳이다. 도시는 이 테이블 마운틴을 배경으로 잘 정비되어 있다. 그러나 그 이면에는 백색과 흑색을 갈라놓은 인종차별주의가 뿌리 깊게 박혀 있다. 마치 한 나라 안에 또 다른 나라가 있는 듯하다. 우리가 도착했을 때만 해도 흑인 다수가 백인 정권 아래 푸대접을 받고 있었다. 이곳에서는 피부색만 희면 각종 혜택을 누린다. 서아프리카를 두루 방문할 때만 해도 부두에는 흑인이 가득했다. 그러나 이곳에는 백인과 유색인종 그리고 흑인이 모두 우리를 기다렸다.

 우리 가족은 케이프타운에서 꽤 오랫동안 정박할 계획이었다. 왜냐하면 1년에 한 번씩 배를 정비하고 수리하는 "드라이 독"(drydock) 기간과 맞물려 있었기 때문이다. 이 기간 동안 모두 배 밖으로 나가 있어야 했다. 케이프타운에 정박한 지 얼마되지 않았을 때 안내 방송이 흘러나왔다. "전씨 패밀리", 즉 우리 가족을 찾는다는 방송이었다. 무슨 일인가 싶어 얼른 안내 데스크에 가 보았더니, 한국인 부부와 아이 셋이 서 있었다. 한국인으로는 최초로 이곳 스텔렌보스대학교에서 박사 과정을 공부하고 있는 홍 박사님 가족이었다. 그날 저녁 홍 박사님 가족과 우리 가족은 두부 파티를 했다. 그곳에 거주하는 중국인이 준 두부였다.

홍 박사님이 배에 다녀가신 후에 우리 부부는 여러 생각으로 밤잠을 설쳤다. 특히 남편은 홍 박사님에게 스텔렌보스대학교에 대해 듣고 마음이 많이 끌린 것 같다. 둘로스호와 한 2년 계약도 거의 다 되어 가기 때문에 차후 향방을 생각해야 했다. 선교와 공부를 병행할 수 있으면 좋겠다는 것이 우리 부부가 공통적으로 생각한 것이었다.

며칠 후 홍 박사님은 우리 배에 있는 한국인을 모두 초대하셨다. 유학생 신분이라 살림도 넉넉지 않을 텐데 푸짐하게 음식을 차려 주셨다. 특히 사모님이 만드신 케이크와 "부라이"라는 이름의 바비큐가 일품이었다.

그 후 남편은 홍 박사님의 주선으로 스텔렌보스대학교에 입학 원서를 제출했다. 필요한 서류는 한국을 떠날 때부터 늘 준비해서 다녔기에 서류 전형을 수월하게 마쳤다. 사실 다음 학기 입학 전형 기간이 이미 끝났으나 학교 측에서 우리 상황을 배려해 주어서 서류를 접수할 수 있었다. 그리고 이어서 면접을 치르고 입학 허가를 받았다. 남편이 대학에서 공부를 시작하려면 우리가 소속된 선교회와 파송 교회로부터 허락받아야 했다.

그 무렵 드라이 독 기간이 시작되어 배에서 나와야 했고, 우리 가족은 케이프타운 외곽에 있는 필립과 엘레나의 집에서 두 주를 보냈다. 이곳에 머무는 동안 우리 가족은 여러 가정에서 초대를 받아 극진한 대접을 받았다. 그런데 초대받은 집에 가는 과정에서 웃지 못할 해프닝이 벌어졌다. 기차표를 사긴 샀는데 어느 칸에 타야 할지 알 수

　　　　　　　그리스도는 살고 나는 죽는 이야기

없었기 때문이다. 인종차별이 심한 나라라서 기차에는 백인칸이 따로 있었다. 그렇다면 우리는 백인인가, 아닌가? 우리는 백인도 흑인도 아니지만 흑인보다는 백인에 가깝지 않겠느냐는 생각으로 백인 칸에 올라 탔다. 그런데 그 칸에 있는 사람들이 모두 우리를 쳐다보는 것이 아닌가? 그렇다고 대놓고 다른 칸으로 가라고는 하지 않았다. 아마 우리가 외국인이라서 그런 것 같았다. 그러더니 결국 그들이 우리를 피해 슬금슬금 다른 칸으로 옮겨 갔다. 기차에서 내려 보니 알랜 아저씨가 우리를 마중 나와 있었다.

알랜 아저씨는 택시 사업을 하면서 대규모 딸기 농장도 운영하고 있었다. 사실 남아프리카공화국에서는 포도 농사도 백인들만 할 수 있었다. 유색인종은 농사도 맘대로 지을 수가 없었다. 우리는 알랜 아저씨 댁에서 융숭한 대접을 받고 딸기도 잔뜩 받아왔다. 돌아올 때에는 기차를 타지 않고, 알랜 아저씨의 차를 타고 왔다.

필립과 엘레나 집에서 두 주를 보내고 돌아오니 배는 말끔하게 수리되어 있었다. 그동안 흩어져 지내다가 배에서 다시 만나 서로 반갑게 인사했다. 회포를 풀고 나니 배는 어느새 엘리자벳항으로 향하고 있었다.

아담한 엘리자벳 항구에 도착했다. 엘리자벳 항구에는 중국인이 많이 거주하고 있었다. 이곳에서 두 주간 머물고 그 후에는 마지막 사역지가 될 더반으로 갈 계획이었다. 더반에 도착하니 남편은 한국으로 출발했고, 나와 아이들은 배에 남아서 사역을 계속했다. 더반에서 약 3주를 보내고, 드디어 배를 떠나야 할 때가 왔다. 우리는 그동안 정들었던 사람들과 작별 인사를 했다. 그리고 남아공 자원봉사자가 도와준 덕분에 차에 짐을 싣고 케이프타운으로 향할 수 있었다.

배 밖에서 생활하다

배가 아닌 뭍에서의 생활이 시작되었다. 우리 가족은 당분간 홍 박사님 댁에서 생활하기로 했다. 홍 박사님 댁은 이층집인데 위층에는 방이 두 개 있고, 아래층에는 식당과 거실이 있었다. 두 가정이 방 하나씩을 사용했다. 다행히 홍 박사님네 아이들이 우리 은표와 같은 또래라서 큰 어려움은 없었다.

남편은 알렌 아저씨가 도와주어서 중고차를 먼저 구입했다. 한국에서 집을 팔고 나올 때 저축했던 돈으로 사기로 했다. 그러나 액수가 많지 않아서 좋은 차를 살 수는 없었고, 도요타 크레스타 노란색 차를 구입했다. 홍 박사님 댁에서 열흘간 지내다가 스텔렌보스에서 약 20분 거리에 있는 크라이폰테인에 월셋집을 구했다. 방 3개에 부엌과 거실이 딸려 있는 곳이었다. 우리 가족끼리 지낼 집이 생겨서 너무 좋았다. 필요한 가재 도구는 오며 가며 중고 가게에서 구입했다.

앞으로 해야 할 일들이 쌓여 있었다. 우선 아이들이 다닐 학교를 알아봐야 했고, 앞으로의 사역도 모색해야 했다. 그 와중에 황당한 일도 생겼다. 우리에게 차를 판 사람이 다시 그 차를 돌려 달라고 한 것이다. 아무리 생각해도 너무 싸게 판 거 같다고 했다. 하는 수 없이 차

그리스도는 살고 나는 죽는 이야기

를 돌려주고 노란색 포드 스테이션 왜건을 샀다. 이 차는 안식년 때까지 타고 다녔는데 어찌나 고장이 자주 났던지 수리비가 더 든 것 같다. 그래도 오랫동안 우리 가족의 발이 되어 주고, 선교 사역의 도구로 사용되었으니 그저 감사할 뿐이다.

케이프타운 다이어리

케이프타운에는 입항하는 선원들을 상대로 전도하는 선교 단체가 있다. 네덜란드 개혁교회(Dutch Reformed Church)에 소속된 비블리아였다. 우리는 이 단체와 협력하여 선교하기로 했다. 무엇보다 영어로 소통하기 힘든 한국 선원을 대상으로 복음을 전할 수 있게 되니 비블리아 측에서도 대환영이었다. 그때 만난 폴 선교사님과 로버트 선교사님과는 지금까지도 연락하고 있다.

비블리아에서는 한국 배가 들어오면 즉시 우리에게 알려 준다. 그러면 우리는 배에 올라타서 선장님에게 우리의 신분을 밝히고 선원들을 집으로 초청하고 싶다고 말한다. 아니면, 시내 관광이나 소풍을 가자고 제안한다. 흔쾌히 응하는 분도 있지만 간혹 귀찮아하시는 분도 있다. 우리는 만나는 분에게 복음을 전하고, 관심을 보이는 분에게는 긴 시간을 할애하여 성경공부를 한다.

대개 열 명 남짓한 선원들을 집으로 초대하는데 우리 차에 다 태울 수가 없어서 이따금 홍 박사님 차를 빌리기도 했다. 차가 왜건이다 보

니 뒷좌석에 아이들이 아닌 어른들을 태울 때면 웃음이 나오기도 했다. 선원들은 우리 집에 와서 식사하고, 아이들과 함께 게임도 하면서 즐거운 시간을 보냈다. 선원들을 위해 우리는 아예 당구대를 집에 하나 들여놓았다. 가끔은 함께 예배를 드리기도 했다. 예배 시간에는 우리 아이들이 바이올린을 켜면서 예배를 도왔다.

사실 배가 항구에 도착하면 선원들에게는 갖가지 유혹이 있다. 거의 2년간을 가족과 떨어져 생활하기 때문에 선원들은 직업 여성들에게 유혹받기가 쉽다. 배 안으로 들어가려면 허가증이 필요한데 이러한 직업 여성들은 부두에 들어가는 것 자체가 법으로 금지되어 있다. 그런데 어찌 된 일인지 많은 여성이 배 안의 이 방 저 방을 자유롭게

그리스도는 살고 나는 죽는 이야기

선원들에게 복음을 전하는 전 목사

들락거리고 있었다. 우리는 이따금 민망한 장면을 목격하기도 했다. 우리는 그들을 집으로 초대해서 함께 식사하고, 시내 구경을 하고, 신앙생활을 독려하면 이러한 유혹을 피하는 데 큰 도움이 될 거라고 생각했다. 또한 선원들에게 필요한 것을 물어보고 우리가 도울 수 있는 일은 최대한 도왔다. 가끔 곤혹스러운 부탁도 있었지만 웬만하면 들어주곤 했다. 예를 들어 어느 선원은 내 남편에게 디스코텍으로 자기를 데려다 달라고 했다. 남편은 그 사람의 안전을 위해 기꺼이 그렇게 했다. 혹시 강도를 만나거나 안전사고가 날까 봐 염려됐기 때문이다.

　실제로 사건 사고가 이따금 발생하기도 한다. 밖에 나갔다가 가진 것을 나 털리고 맨몸으로 놀아오는 선원이 있는가 하면 목숨까지 잃는 경우도 있다. 한번은 남편에게 통역해 달라는 급한 연락이 와서 서둘러 배에 가 보니 선장님이 쓰러져 계셨다. 그분은 바로 전날 남편이 뵌 분이었다. 식사에 초대하고 선원들과 소풍을 함께 가자고 권유했지만 큰 관심을 보이지 않았던 분이다. 그런데 그분이 총상으로 목숨을 잃는 비극적인 사고가 발생했다. 남편이 배에 방문했던 그날 저녁, 유흥업소를 가던 중에 사고를 당했다고 한다. 이 말을 듣고 얼마나 안타까웠는지 모른다.

선원 선교를 하면서 안타까웠던 일은 한두 가지가 아니다. 결혼 30년 차인 선장님이 계셨는데 가족과 함께 보낸 시간이 겨우 3년 정도밖에 안 된다고 하셨다. 나머지 시간은 모두 배에서만 보내신 것이다. 그러다 보니 아이들이 자라는 것도 못 보고, 어쩌다 집에 가더라도 손님 같을 수밖에 없었다. 우리가 선장님을 만났을 때 그분은 매우 침울해 보였다. 알고 보니 그분의 아내가 세상을 떠났는데 장례를 치르러 갈 수 없는 상황이라고 했다. 게다가 그 아내 분은 권사님이셨다. 그 안타까움을 조금이라도 덜어 드리고자 우리는 선원들과 함께 배에서 천국환송예배를 드렸다.

우리는 선장님께 주일이 되면 선원들과 함께 예배를 드리는 것이 어떻겠냐고 했다. 그랬더니 선장님은 기꺼이 응하셨다. 우리는 예배를 드리는 데 도움이 될 오디오 테이프를 선장님께 드렸다. 그 무렵 여러 교회에서 예배 실황 테이프를 보내 주셨는데, 우리는 그 테이프를 복사해서 배가 입항하면 먼저 복음을 전한 다음 그 테이프를 주면서 선상 교회를 세울 것을 권했다. 그러나 늘 배를 함께 타고 생활하

그리스도는 살고 나는 죽는 이야기

다 보면 서로의 삶이 그대로 드러나기 때문에 그리스도인으로서 구별된 모습을 보이는 것이 쉬운 일은 아니다.

상선들은 대략 3-4일, 어선은 일주일 이상 머물다가 이곳을 떠난다. 1987년 당시 케이프타운 항구에는 한 달 평균 10여 척의 배가 머물다 가곤 했다. 배 두세 척이 동시에 항구에 있을 때도 간혹 있었다.

선원들을 초대해서 대접하다 보면 우리에게 선물을 주고 가는 경우가 종종 있다. 예컨대 참치잡이 어선이 정박할 때는 참치를 두서너 마리씩 주신다. 우리는 그 참치를 정육점으로 들고 가서 톱으로 썬 뒤 냉동고에 보관했다가 상선 선원들을 대접하기도 하고, 이웃에게 나눠 주기도 했다. 오징어잡이 배가 올 때는 아예 오징어를 말려서 대여섯 짝씩 가져다주시는 분들도 계셨다. 포도를 실어나르는 배에서는 우리에게 포도를 주셨다. 어떤 때는 남편이 수십 마리의 닭이 들어 있는 자루를 들고 오기도 했다. 그러면 아이들을 재운 후 남편과 나는 한 시간이 걸려 스텔랜보스까지 가서 한국에서 공부하러 온 목사님들에게 닭을 나누어 주고 왔다. 우리가 대접한 것은 적은데 받은 것은 늘 더 많았다.

하나님의 기적은 멈추지 않는다는 것을 사역을 통해 확인한다. 하루는 어느 배의 갑판장의 간증을 듣게 되었다. 자기 딸이 어릴 때 주일학교에 갔다가 그림 한 장을 가져와 들려준 이야기였는데, 우리가 전한 복음이 구원의 안내자 역할을 했다. 그분은 세례를 받기 원했고, 남편은 그분에게 세례를 주었다. 이렇게 한 사람의 영혼이 구원받는 것이 곧 기적이 아닐까 싶다.

1991년, 우리 가족은 사역 7년 만에 안식년을 맞이했다. 먼저 한국에 들렀다가 남편에게 공부할 기회가 주어져서 미국으로 갔다. 그러나 가족이 함께 오래 머물 수는 없었다. 아이들의 공부 문제도 있고 해서 4개월만 머물다가 아이들과 나는 케이프타운으로 돌아갔다.

　　남편이 미국에 있는 동안 나는 한국에서 새롭게 파견된 선교사님 부부와 함께 선원 선교 사역을 계속했다.

　　어느 날, 비블리아선교회에서 전화가 왔다. 남극으로 가던 소련 해양과학선이 부두에 도착했는데 그 배 안에 한국인이 예닐곱 있다는 것이었다. 그곳에 가 보니 그들은 북한에서 온 사람들이었다. 그 당시 케이프타운에는 아직 한국 대사관이 없던 때라서 염려가 되기도 했으나 같은 민족이라는 생각에 한번 가 보기로 했다. 그래서 북한 과학자 일곱 명을 우리 집으로 초대했다. 우리 부모님도 북한에서 피난을 오셨지만 내가 직접 북한 사람을 대하는 것은 둘로스호가 몰타에 정박했을 때가 처음이었고, 이번이 두 번째였다.

　　식사를 마치고 서로 이야기를 나누었다. 그분들도 마치 누이 집에 와서 대접을 받는 것 같다며 즐거워하셨다. 예수님에 관해 이야기를 나누어 보니 그 가운데 몇 사람은 기독교를 알고 있었다. 그러나 그 가운데 감시원도 함께 있었기 때문에 모두 말조심을 하는 듯했다. 선물할 만한 것이 없을까 생각하다가 포클랜드 오징어잡이 배 선원에게 받은 마른 오징어와 사진첩을 건네주었다. 사진첩은 한국에 갔다가 사진을 정리하려고 여러 권 사 온 것이었다. 다음 날이면 그 배는 남극을 향해 출발하게 된다. 배가 떠날 때는 눈시울을 적시는 분도 있었

　　　　　　　　　　　그리스도는 살고 나는 죽는 이야기

다. 우리도 역시 배가 보이지 않을 때까지 손을 흔들었다. 마음이 짠했다.

케이프타운에서 다시금 비극적인 일이 일어났다. 어느 날, 우연히 한국말을 하는 사람을 만났다. 그분은 우리가 심 선생으로 불렀는데 알고 보니 화교였다. 심 선생은 아내 웬디와 함께 사업 때문에 이곳에 머물고 있었다. 아이들이 학교에 가면 우리는 서로 이야기를 나눴고, 우리 은표와 동갑인 그 집 큰아들 헨리는 우리 집에 자주 와서 놀았다. 바쁠 때는 헨리를 우리 집에 잠시 맡길 정도로 우리는 서로 친해졌다.

심 선생에게 복음을 전했더니 고등학교 시절 부산에서 세례를 받은 적이 있다고 했다. 어느 날은 웬디가 아침 일찍 우리 집에 왔다. 웬일인가 했더니 간밤에 나간 남편이 돌아오지 않는다는 것이었다. 휴대폰이 없고 삐삐를 사용하던 시절인데 삐삐를 해도 연락이 없다고 했다. 영어가 서툴다 보니 누구에게도 도움을 청하지 못하고 남편에게 온 것이다. 우리는 여기저기에 수소문을 하고 경찰에 실종 신고도 했다.

그 후 사흘이 지났을 무렵 내 꿈에 웬디 남편이 보였다. 그런데 작은 집인지, 상자 속인지에 갇혀 있었다. 그러나 꿈이 불길해서 웬디에게 말할 수가 없었다. 그분이 마치 관 속에 갇혀 있다는 느낌이 들었기 때문이었다. 일주일이 지나서야 숲 속 덤불에서 목이 베인 채로 발견되었다. 사망한 지는 오래되어 분간이 어려웠지만 옷과 신발, 시계 등을 통해 심 선생임을 확인했다. 모두가 크게 놀랐다.

심 선생은 상어지느러미를 사고파는 일을 했다. 경찰은 이 사건을 마피아와 관련된 범죄인 것으로 추정했다. 웬디는 우리에게 장례를 의탁했다. 낯선 땅에서 이웃사촌으로 지내던 사람의 장례식을 치르니 가슴이 무너져 내렸다. 웬디와 아이들은 모든 것을 정리하고 대만으로 돌아갔다. 그러나 웬디가 구원에 대한 확신 없이 돌아간 것이 영 마음에 걸렸다.

어느 날은 배에 올랐는데 기관장님이 몹시 고통스러워했다. 배가 뒤틀리며 숨도 쉬기 힘들다고 했다. 순간 나는 바늘을 달라고 해서 그분의 손가락과 발가락을 모두 땄다. 한국에서 어른들이 하던 것을 어깨너머로 보고 배운 것이었다. 그런데 이게 웬일인가. 신기하게도 잠시 후 기관장님은 안색이 돌아오면서 웃으셨다.

덕분에 그날은 화기애애한 분위기에서 복음을 전했다. 선원들 대부분이 물 위에서만 생활하다 보니 가족은 물론이고 세상과 떨어져 늘 외롭게 생활했다. 어쩌다 집에 가면 잠이 잘 오지 않는다고 했다. 늘 배의 엔진소리를 듣고 지낸 터라 하다못해 세탁기라도 틀어 놔야 잠을 잘 수 있다는 우스갯소리도 들었다. 그러나 분명한 것은 이 사람들에게 복음을 전해야 한다는 것이었다. 그것이 우리가 케이프타운에 있는 이유였다.

그러나 88올림픽 이후 한국 선원은 줄기 시작했고, 우리 사역의 방향도 전환되었다. 전에는 복음을 한국인 선원에게만 전했는데 이제는 무슬림과 케이프타운에 있는 흑인에게 복음을 전하게 된 것이다.

그리스도는 살고 나는 죽는 이야기

무슬림 선교

케이프타운에 정착하고 3-4년간은 정신없이 지냈다. 우리는 외항 선교회에 연락하여 동역할 선교사님을 보내 달라고 부탁했다. 그러자 갓 결혼한 젊은 선교사 부부를 보내 주었다. 그분들이 오고 숨을 돌릴 만할 때에 남편은 무슬림 선교에 차츰 관심을 갖게 되었다.

우리가 이사 온 론도 보쉬 이스트 8번가 애비뉴에는 이른바 "그레이 에어리어"(GREY AREA)로 백인이나 유색인종 가운데 허가받은 사람들이 살고 있었다. 바로 옆동네는 집값이 아주 비싼 백인 동네였다. 이곳에 선교 센터를 구입할 당시만 해도 고생을 많이 했다. 우리 집을 중심으로 앞뒤 좌우 8가구에 과연 우리 가족이 그들의 이웃이 되어도 괜찮을지를 묻고 서명을 받아 내야 했기 때문이다. 집 자체는 아주 근사했다. 규모도 컸지만 뒤뜰에 자그마한 수영장도 있었다. 어찌 보면 우리에게 과분한 집이었다. 그런데 그 주위에는 무슬림이 상당수 살고 있었고, 우리 집에서 5분 거리에는 모스크 사원도 있었다. 무슬림은 대부분 말레이 계통이었다. 이들은 약 300년 전 노예로 끌려와서 케이프타운에 집 짓는 일을 했던 것 같다. 노예라고는 했지만 그들에게는 종교의 자유가 있었다.

독일 선교사들이 SIM선교회라는 선교 단체를 통해 그들에게 복음을 전하기 시작했다. 선교사들이 대부분 우리처럼 "그레이 에어리어"에 거주했다. 남편은 SIM 소속의 월터 선교사를 소개받았다. 또한 그분에게서 이슬람교에 대해 배우고, 전도 훈련도 받았다. 남편은 매주 케이프타운에 사는 말레이 족속, 즉 회교도를 믿는 집들을 방문하면서 선교했다. 이어 월터와 남편은 일주일 단위로 서로의 집을 오가며 새벽마다 함께 기도했다. 그리고 기독교에 관심을 보이는 사람들을 가르치면서 그들과 함께 가가호호 방문 전도를 했다.

남편과 월터 부인이 짝이 되어 우스탁 지역에 전도하러 갔다. 아마 그날이 무슬림을 전도하는 첫날이었던 것 같다. 남편이 대문을 두드렸더니 한 남자가 나와 백인들에게나 가서 전도하라며 열변을 토했다. 남편은 입도 벙끗하지 않았는데 먼저 나서서 거절의 뜻을 보인 것이다. 사실 그 남자가 한 말에는 일리가 있었다. 남아공의 백인이 대다수 그리스도인이라고 자처하지만 그들의 분리 정책은 인간 학대와 다를 바 없었다. 이러한 행동을 보이면서 예수님을 전한다는 것은 모순이다. 진정한 신앙이 있는 자가 먼저 백인의 잘못을 회개하고 정책을 바꾸지 않으면 결코 그들을 주께로 인도할 수 없다. 남편은 그 남자가 한 말에 충격을 받았는지 그날 내내 잠을 이루지 못했다. 무슬림 전도를 계속해야 할지 아니면 중단해야 할지 고민이 되었다. 그러나 주님이 원하시는 일이라면 멈출 수 없다는 결론을 내렸다. 그래서 케이프타운을 떠난 지금도 무슬림 전도 사역은 계속되고 있다.

나는 무슬림 전도에 직접적으로 참여하지는 않았다. 그러나 전도팀을 격려하고 우리 집으로 초대하여 교제를 나눌 수 있게 도왔다. 물론 음식을 대접하는 일을 주로 했다. 나는 이 일을 하는 것이 아주 기뻤다. 물론 지칠 때도 있었지만 이 일을 멈출 수 없었다.

어느 날 저녁, 남편이 여느 때와 같이 전도를 나갔다. 길을 걷고 있

그리스도는 살고 나는 죽는 이야기

는데 한 남자가 나타나 칼을 들이대면서 돈을 요구했다. 수중에 있는 돈은 20랜드 정도, 한국 돈으로 만 원 정도였다. 그 돈을 주고 나니 차고 있던 시계도 달라고 해서 얼른 주었다. 우리가 살고 있는 지역은 우범 지역이기도 해서 밤에는 가급적 다니지 않는 것이 안전했다. 그러나 남편을 비롯한 선교 팀원들은 자신의 생명을 주님께 맡기고 그곳을 떠날 때까지 선교 사역을 했다.

이따금 독일 선교사님 댁을 방문하기도 했는데 그때마다 느끼는 것은 그분들은 아주 부지런하고 검소하다는 것이었다. 무엇이든지 아끼고, 웬만한 것은 직접 만들어 집을 꾸몄다. 나도 내 힘으로 커튼도 만들고 케이크도 구워 보았다.

무슬림 선교는 주님이 오시는 날까지 계속되어야 한다. 무엇이 참된 복음이고 참된 진리인지 전해야 하기 때문이다. 만일 우리가 알리지 않으면 거짓 진리가 그들을 삼킬 것이 분명하다. 사실 무슬림 선교는 열매를 거두는 것이 하늘의 별 따기보다 어렵다고 한다. 또 무슬림이 개종했다고 하더라도 그 믿음을 지속하는 것이 매우 힘들다. 심지어 목숨을 내 놓고 믿어야 할 정도로 협박과 핍박과 위험이 뒤따른다.

케이프타운에서의 무슬림 선교는 눈으로 확인할 정도의 열매는 거두지 못했다. 우리가 그곳을 떠난 후에도 무슬림 선교 사역은 계속되고 있다. 20년이 지난 후 다시 케이프타운을 방문했는데 SIM선교회와 동역하고 있는 후배 선교사를 만날 수 있었다. 정말 반가운 일이었다. 이 사역이 지속되도록 주님은 지금도 누군가를 계속 부르고 계신다.

케이프타운에는 백인과 유색인종 그리고 흑인들이 함께 살고 있다. 이곳에서 살기 시작한 지 3개월쯤 되었을 때 우리 집에 도둑이 들어왔다. 도둑은 가져갈 수 있는 물건은 모두 털어 갔다. 심지어 냉장고에 있는 음식까지 가져 갔다. 우리 식구들은 아침이면 모두 나갔다가 저녁에나 들어오기 때문에 집안 관리가 허술하다. 아마 그 사실을 알고 도둑이 들어온 것 같다. 도둑이 들어온 후에는 나 혼자 남아 집을 지키기로 했다. 그런데 낯선 동네에서 혼자 집을 지킨다는 것이 여간 무서운 게 아니었다. 작은 소리만 나도 누가 들어온 것 같았다.

결국 이곳을 떠나 다른 곳으로 이사를 가게 되었다. 선원 선교를 하는 항구와는 좀 멀리 떨어진 스텔란보쉬에 있는 안드링가 거리의 새 아파트로 이사했다. 방 두 개에 넓은 거실이 있는 집이었다. 거실이 넓으니 선원들을 맘 놓고 초대할 수 있었다. 그런데 시간이 지날수록 오고가는 시간이 많이 소요되는 것이 걸림돌이었다. 그래서 다시 이사하기로 결정했다. 케이프타운 신문 광고를 샅샅이 살펴보니 마땅한 집들은 많았으나 우리에게 세를 놓으려는 사람들은 없었다. 우리가 한국인이라는 사실이 마음에 들지 않는다는 것이었다. 'Only European' 즉 자기네 같은 백인만 된다는 사고방식 때문이었다.

다행히 마음이 열려 있는 집주인을 만나서 세가 비싸긴 해도 케이프타운 중심으로 이사할 수 있었다. 필요한 것이 잘 갖추어진 이층집이었다. 진표와 은표가 학교를 다니기에도 적당한 위치였다. 슈퍼마

켓도 가까워서 생활하기에 편했다. 부부만 살고 있는 이웃이 있었고, 노부부가 살고 있는 이웃도 있었다. 그러나 이곳에서 1년도 채 못 살고 이사해야 했다. 우리만 살면 괜찮은데 수시로 선원들을 초대하니 이웃들의 불만이 이만저만 아니었다. 특히 우리 옆집 할아버지는 알코올 중독자 같아 보였는데 우리 집 아이들이 떠들거나 강아지 울음소리만 나도 불평하셨다. 그런데 어느 날인가는 몸이 아프다며 남편을 불러서 기도를 부탁하신 적도 있다. 그도 남편이 선교사인 것을 안 것 같다.

여하튼 이곳은 선원 선교에 적합한 동네가 아닌 것 같아 다시 이사갈 장소를 물색했다. 그 과정에서 부동산을 아예 살 수 있는 방법을 알아냈다. 투자 환율과 관계된 다소 복잡한 법이었다. 우리에게 정기적으로 오는 선교비를 투자 환율로 바꾸고, 그동안 저축했던 것을 모아 선교관을 구입하기로 했다. 그리고 이곳이 제1선교관이 되었다.

그 무렵 지금은 고인이 되신 정진경 목사님의 사모님께서 선교 헌금을 보내 주셨다. 그 헌금으로 차고를 좀 더 넓히고 예쁘게 수리했다. 케이프타운 정착 2년 만에 예배드릴 장소가 생겼다. 스텔렌보스대학교의 교수님과 유학생, 또 공부하러 오신 목사님 다섯 분 그리고 스페인에서 이민 오신 어느 집사님 가정, 우리 가족이 남아공에서 사귄 친구들 30여 명과 작은 차고 교회에서 입당 예배를 드렸다. 남아공에 한인개척교회가 하나 탄생한 것이다.

이 교회를 개척한 지 20년이 지난 2009년에 남편과 함께 이곳을 방문했다. 이 교회는 큰 교회로 성장하여 케이프타운에 우뚝 서 있었

케이프타운 선교관 앞에서 진표와 은표

다. 예배 후 만찬은 우리에게 감격의 시간이기도 했다. 입당 예배를 드릴 때 참석했던 친구 알렉스 목사님 부부와 크라이브 장로님 부부, 당시 유학생이었다가 지금은 그곳에서 선교사로 일하시는 김 목사님, 20년간 한결같이 교회를 섬겨온 조 사장님 가족 등을 만났다. 낯설기만 한 이국 땅에서 이웃사촌이 되어 준 동지들이었다. 세월이 지나 보니 그분들도 우리처럼 자녀들을 결혼시키고 할머니, 할아버지가 되어 있었다. 일정이 짧은 것이 아쉽기만 했다. 그러나 이 만남은 서로에게 큰 격려가 되었고, 하나님의 신실하심을 다시 한 번 확인하는 계기가 되었다.

케이프타운 한인 교회는 주일 예배만 드리는 곳이 아니라 추석과

그리스도는 살고 나는 죽는 이야기

같은 명절에 한국인들이 모여 명절 음식을 나누면서 같은 민족으로서의 사랑을 확인하는 장소가 되었다. 어느 나라에서든지 교회는 그 지역의 구심점이 되어 사람을 모으고, 사랑하며, 격려하는 중추적인 역할을 한다. 케이프타운 한인 교회는 믿지 않는 사람이라도 무슨 일이 생기면 함께 모이는 장소가 되었다. 어느 지역에 있던 모든 한인 교회 사역은 무조건적인 섬김이 없으면 존속될 수 없다.

수많은 사람이 케이프타운을 거쳐 갔다. 우리는 친분이 있든 없든 우리 집을 방문한 분들은 최선을 다하여 대접했고, 머물 방도 기꺼이 내주었다. 케이프타운에 정착하고 싶어 하는 사람이 있을 때에는 그들이 정착할 때까지 기꺼이 도왔다. 그런 소문이 퍼져서인지 이런저런 사정으로 찾아오는 한인들이 늘어나면서 한인 교회의 교인 또한 늘어났다. 한인 교회 사역은 우리가 행했던 여러 사역 가운데 가장 힘든 사역이었다. 그러나 그럴 때마다 주님이 힘을 주셔서 그 행보를 계속할 수 있었다.

한인 교회 사역을 하면서 부모님을 떠올릴 때가 많았다. 우리 부모님 역시 개척 교회를 하실 때마다 고생을 많이 하셨기 때문이다. 가족 모두에게 사생활이란 존재하지 않았다. 우리 집은 교인의 식당도 되고 교육관도 되고 교제 장소도 되었다. 내가 남편을 도와 한인 교회 사역을 할 수 있었던 것도 어릴 때부터 보고 배운 부모님의 섬김과 헌신 때문이다. 요즘처럼 개인주의가 팽배한 사회에서 사람들을 불러 식사를 대접하고 잠을 재운다는 것이 결코 쉬운 일은 아니다. 그런데 내 어머니께서는 당신 가족만 해도 열 댓 명인데 거기에다 객까지 섬기셨으니 지금 생각해도 존경심이 저절로 생긴다.

이렇듯 케이프타운 한인 교회가 성장하는 모습을 보면서 눈물을 흘리며 씨를 뿌리는 자는 기쁨으로 단을 거두리라는 시편 126편 말씀이 떠올랐다. 우리는 시작만 했는데 주께서 그동안 친히 돌보시고 키워 주셨다.

1991년 우리 가족은 안식년을 맞이했다. 우리는 케이프타운을 떠나 한국으로 돌아왔다. 그동안 한국이 얼마나 변했는지 도착했을 때부터 어리둥절했다. 우리는 성탄절 전날 왔는데 그날 내린 눈을 보고 은표는 흥분했다. 한국을 떠나 눈을 구경한 것이 방학 때에 인근 나라인 레소토에서 싸라기눈을 조금 본 것이 전부였기 때문이다.

뇌졸중으로 25년간 병상에 계시던 친정어머니를 뵈러 갔다. 우리가 방문했을 때는 병세가 더욱 깊어져서 누워만 계셨다. 그토록 기다리던 딸과 사위 그리고 손주들을 보고 눈물만 흘리셨다. 그러나 어머니는 다음 해 1월 8일에 세상을 떠나셨다. 그날은 눈이 펑펑 내렸다.

아버지는 우리가 있는 케이프타운에 한번 오시겠다고 하셨다. 그리고 그곳에서 책을 쓰시면서 지내겠다고 말씀하셨다. 하지만 건강이 좋지 않으셔서 계획을 포기하셨다. 그 후 우리 가족은 한국에서 약 3개월 머물다가 미국으로 갔다. 남편이 안식년 기간에 공부하고 싶다고 했기 때문이다. 남편이 풀러신학교에서 공부하는 동안 우리 가족은 LA에서 보냈다. 방 하나에 거실이 딸린 집이었다. 필요한 침대와 식탁은 얻어 왔고, 차도 1년간 빌렸다. 그런데 한 3개월이 지나니 아이들이 케이프타운으로 돌아가고 싶다고 했다. 아무래도 아이들에게

그리스도는 살고 나는 죽는 이야기

는 케이프타운이 편한 모양이었다.

케이프타운으로 출발하기 전날 한국에서 전화가 왔다. 아버지가 매우 위독하시니까 일단 움직이지 말고 있으라는 것이었다. 결국 아버지는 돌아가셨다. 아버지의 임종을 지켜보지 못했지만 혼자 한국으로 돌아와서 장례식에 참석했다.

다시 LA로 돌아와 아이들을 데리고 케이프타운에 가기로 했다. 차가 없으면 아이들이 학교에 다닐 수가 없었다. 그래서 미국을 떠나기 전 남편에게 운전을 배웠다. 어느 정도 운전이 익숙해져서 면허 시험을 보았는데, 필기 시험은 단번에 합격했지만 실기 시험은 세 번이나 떨어졌다. 결국 운전학원에서 정식으로 배우기로 했다. 운전학원 선생님은 단 2시간을 가르쳐 주고는 시험을 보라고 했다. 나는 LA 인근에 있는 패서디나(Pasadena)에서 운전면허증을 땄다. 미국 면허증이 있으면 남아공에서는 남아공 면허증으로 바꿀 수 있었다.

운전면허를 땄으니 케이프타운행 비행기에 올랐다. 케이프타운의 6월은 겨울이었고, 우기라서 비가 많이 오고 추웠다. 게다가 남편이 없으니 더욱 썰렁했다. 당분간 아이들하고만 지내야 했다. 아이들의 학교 문제도 내가 스스로 해결해야 했다. 남편이 늘 하던 일을 나 혼자 하려니 겁이 나기도 했다. 남편이 돌아오려면 6개월은 더 기다려야 했다.

먼저 차를 다시 구입하기로 했다. 진표는 벌써 중학생이다. 진표의 도움으로 도요타 크레스타를 구입했다. 자동차 보험도 들어야 했다. 그동안은 보험을 들지 않고 지냈다. 흑인이 낳은 지역이라서 보험을 드는 것이 안전했다. 지인의 소개로 종합 보험을 들고 바로 그다음 날부터 아이들을 학교에 태워다 주었다.

시간은 잘도 흘러 남편이 돌아올 때가 되었다. 그런데 남편이 도착하기 일주일 전 나는 큰 교통사고를 내고 말았다. 게다가 사고를 당한 사람은 임신 중인 무슬림 여인이었다. 전적으로 내 과실로 판결이 났다. 변호사를 선임했는데 청구액이 어마어마했다. 보험을 들었으니 망정이지 그렇지 않았다면… 생각만 해도 아찔했다. 그러나 하나님은 어떠한 상황에서도 나와 함께하셨고, 삶의 모든 과정을 통해 우리를 온전하게 훈련시키셨다.

케이프타운의 사역팀이 늘어났다. 안식년 동안 고생하셨던 김 선교사님 부부 외에 석 선교사님 가족과 문 선교사님 가족, 또 정 선교사님 가족과 엄 선교사님 가족 그리고 싱글인 여 선교사님 등 우리 선교팀이 강력해졌다. 선교관도 늘어나고, 한인 교회 주일학교와 중고등부 식구들도 늘어났다. 팀워크가 형성되니 선원 선교도 활기를 띠었다. 또한 사역의 범위도 확장되었다. 선원 선교에서 흑인 교회 개척, 탁아소 사역, 무슬림 사역, 한인 교회 사역 등 그 사역의 범위가 넓어지면서 의견 차이에서 오는 갈등도 커졌다. 이러한 현상은 비단 선교지뿐만 아니라 우리 삶의 모든 영역에서 겪는 일이다. 그 해결 과정에는 늘 주님이 함께하셨다.

우리는 10년 3개월간의 케이프타운 생활을 마무리해야 했다. 떠나기 전 새로운 리더를 세워야 했는데 남편은 3일간의 금식기도 후 새로운 리더를 임명했다. 그리고 그동안 추진했던 모든 사역과 카알리

그리스도는 살고 나는 죽는 이야기

차교회 건축을 위한 헌금 5만 불을 남은 팀들에게 전했다. 우리가 떠날 때는 많은 사람이 배웅해 주었는데 눈물이 좀처럼 멈추지 않았다.

　지난 10년간 아이들도 많이 컸다. 진표는 대학생, 은표는 중학생이 되었다. 둘 다 케이프타운의 영국식 교육을 받았다. 사역하는 동안에는 아이들에게 신경을 쓰지 못했다. 늘 우리 집은 개방되어 다양한 인종의 사람들이 수시로 드나들었다. 아마 아이들에게는 이 점이 스트레스로 작용했을 것이다. 가족만의 오붓한 시간은 저녁 가정 예배 시간에나 가능했기 때문이다. 내가 어렸을 때에도 부모님이 개척 교회를 섬기셨기 때문에 사생활이라곤 없었다. 모든 것이 다 공개되었다. 그때를 떠올리니 '우리 아이들이 힘들었겠구나' 하는 생각이 들었다. 그럼에도 잘 자라 준 아이들에게 더 감사하다.

무지개 탁아소

　흑인 마을에 세워진 빈야드교회를 찾았다. 그곳에서 예배를 드리다 보니 열악한 상황이 눈에 들어오기 시작했다. 이를테면 교회 탁아소는 눈물 없이 보기 힘들었다. 흑인 여성 대다수가 백인 지역의 가정부로 일하기 때문에 아이들을 맡길 만한 곳이 없었다. 말이 탁아소이지 적은 돈에 아이들을 맡기려니 우리나라 쪽방촌과 같은 곳에 아이들을 맡겼다. 그 아이들을 대하고 보니 내가 갖고 있는 것과 누리고 있는 것이 너무 많다는 생각에 부끄러웠다. 돈으로만 후원한다는 것도 영 마음이 편하지 않았다. 그래서 먹거리와 간식, 그릇을 사들고 일주일에 두 번씩 방문했다. 아이들과 함께 놀면서 성경 이야기도 해 주었다.

1991년 안식년을 맞아 한국에 돌아왔을 때 나는 정식 선교사 자격으로 인천 내리교회에 케이프타운 탁아소 사역에 대한 비전을 이야기했다. 그 후 탁아소 선교 사역이 본격화되었다. 그런데 남아공은 선교를 하려면 남아프리카공화국의 공용어인 아프리칸스(Afrikaans: 남아프리카네덜란드어)나 흑인 부족의 말을 할 수 있어야 한다. 둘로스호에서 2년간 익혔던 짧은 영어가 그나마 도움이 되었지만 여전히 부족했다.

그런데 내게 공부할 기회가 주어졌다. 미국의 남침례교회 산하 신학교에 입학하게 된 것이다. 영어로 수업을 들으니 헤매는 것이 일쑤였다. 지금 생각해 보면 내가 그곳에서 어떻게 공부를 마쳤는지 모르겠다. 그 당시 나와 함께 공부하던 흑인 학생이 있었다. 이름은 크리스천이었는데 우리는 시험 때마다 서로를 위해 기도했다. 한국에서 객관식이나 단답식 시험만 치르던 나는 스무 장 가까이 되는 면을 3시간 안에 채워야 했다. 그래도 무사히 마쳤으니 이 모든 게 하나님의 은혜가 아니겠는가?

결국 이 학교에서 공부한 것이 흑인 탁아소 사역의 시작점이 되었다. 크리스천이 "구굴레토"(Gugulethu)라는 마을에 있는 한 침례교회를 소개해 주었다. 구굴레토는 우리 집에서 15-20분 걸렸다. 미국인 선교사들이 세워 준 침례교회로, 100명이 들어갈 수 있는 벽돌 건물

그리스도는 살고 나는 죽는 이야기

이었다. 그곳에서는 움티니 목사님이 사역하고 계셨다. 삭개오를 떠올리게 하는 키가 작은 분이었다. 반면 사모님 페블은 남편보다 키가 컸고 미인이었다. 두 분 사이에는 자녀가 세 명 있었다. 목사관이 따로 없어서 부엌에서 다섯 식구가 생활했다. 그리 크지 않은 부엌에 2층 침대 두 개가 있었는데 가족이 생활하기에는 좁은 공간이었다.

움티니 목사님은 우리를 보더니 매우 반가워하셨다. 백인이 아니라 그런지 더욱더 친근감을 느끼셨던 것 같다. 더구나 탁아소 사역을 하겠다고 하니 무척 좋아하셨다. 그리고 교회 마당에서 탁아소를 운영하도록 허락해 주셨다. 일단 냉동 운반선에서 컨테이너를 기증받아 그 안에서 탁아소를 시작했다. 냉동 컨테이너는 여름은 덥지 않고, 겨울은 춥지 않은 재료로 만들어졌다. 컨테이너 7개에 'U' 자 모양으로 맨 위에는 지붕을 덮고 큰 교실 하나와 부엌 그리고 작은 교실과 실내 놀이터와 화장실 부엌을 만들었다. 내리교회의 전적인 후원과 회사의 도움으로 드디어 "무지개 탁아소"(영어로는 "구굴레토 레인보우 크래시")가 탄생했다.

탁아소 이름을 "무지개"라고 지은 이유가 있다. 탁아소 설립을 위해 기도하고 있을 때 하늘에서 무지개를 봤는데 얼마나 아름답고 빛이 선명했는지 모른다. 나는 그것을 하나님의 약속이라고 믿었다.

첫 회에 120명이나 되는 아이들이 왔다. 공간만 허락했다면 더 많은 아이들이 왔을 것이다. 우리는 움티니 목사님과 사모님 외에도 흑인 교사 3명, 한국인 여자 선교사 2명과 함께 오전 8시부터 오후 5시까지 아이들을 돌보았다. 흑인 아이들은 천성적으로 춤과 노래 실력이 뛰어났다. 노래를 가르쳐 주면 5세 이상의 아이들이 화음을 넣어 노래를 불렀다. 또 음악을 틀어 주면 절로 춤을 추었다.

동서를 불문하고, 피부색을 불문하고 아이들은 모두 귀엽고 천진 난만하다. 나는 아이들과 있을 때가 가장 행복했다. 사실 처음 아이들을 만났을 때에는 선뜻 아이들을 안아줄 수 없었다. 아이들에게서 흑인 특유의 냄새가 났고, 코에서는 누런 콧물이 흘렀으며, 귀에서도 물이 나오고, 피부병이 많아 꺼려졌기 때문이다. 주께서 힘과 지혜를 주시지 않았더라면 도저히 탁아소 사역을 해 낼 수 없었을 것이다.

어느 날은 만 네 살 정도 된 여자아이의 다리 밑에서 피가 흘렀다. 깜짝 놀라 살펴보니 단순한 상처가 아니었다. 페블 사모님이 아이를 데리고 동네 보건소로 갔다. 알고 보니 그 어린아이의 자궁이 파열되었다고 했다. 성인 남자가 아이가 사는 집에 들어와서 강간한 것이었다. 그 당시 케이프타운에는 근거 없는 소문이 나돌았다. 에이즈에 걸린 사람이 어린아이와 성관계를 맺으면 에이즈가 완치된다는 터무니없는 말이었다. 이렇게 어린아이들이 희생당하는 경우가 종종 있다. 이 비극적인 사건은 아직도 내 머릿속에 남아 분노를 자아낸다.

탁아소 아이들에게는 아침에 옥수수죽을 준다. 먼저 옥수수죽을 걸쭉하게 쑨 후 거기에 우유와 설탕을 타 준다. 이것을 '움뽀꼬고'라고 부르는데 나도 즐겨 먹었다. 나는 아이들에게 영양식을 먹이고 싶다는 생각에 쌀과 야채, 소고기를 갈아서 일종의 야채죽을 만들었다. 그런데 어찌된 일인지 야채죽을 먹은 아이들이 동시에 설사를 했다. 먼저 아이들의 옷을 벗겨 호수로 물을 뿌려 씻겨 준 후 다급한 마음에

그리스도는 살고 나는 죽는 이야기

구굴레토 무지개 탁아소 졸업사진

기도했다. 그때 석 사모님이 마이신(mycin)이 몇 알 있으니 그것을 설탕과 함께 물에 타 먹이면 어떻겠느냐고 했다. 나는 들은 그대로 했는데 다행히 아이들의 설사가 멈추었다. 할렐루야! 곳곳에서 발견하는 주님의 손길을 깨닫고 얼마나 감사했는지 모른다.

　나는 이 사역도 언젠가는 흑인들에게 넘겨 주어야 한다고 생각했다. 그래서 움티니 사모님을 보육 양성소 학교에 보내 2년간 공부시켰다. 아무래도 외국인인 나는 꼬사 부족의 언어와 풍습을 잘 알지 못해서 내 고집을 앞세운 때가 많았고 은연중에 우월감을 갖고 있었다. 이러한 사실을 뒤늦게야 깨달았다. 내가 꼬사 언어를 배워야 했지만 움티니 사모가 영어를 잘하기 때문에 굳이 배울 마음이 없다.

탁아소 비용은 그 당시 우리 돈으로 일인당 1,500원 정도였다. 그리고 우리가 탁아소를 물려줄 때에는 3,000원이 되었다. 또 푸드 뱅크를 통해 음식을 충분히 공급받고 있었기에 인수인계를 해도 큰 무리가 없을 것이라고 판단했다. 우리는 무지개 탁아소를 구굴레토침례교회에 맡겼다.

탁아소 사역을 3년 정도 하다 보니 케이프타운 흑인들의 풍습을 조금씩 알게 되었다. 그래서 가급적 이들이 먹는 음식을 먹으려고 애썼다. 닭발을 먹는 것도 이들에게 배웠다. 우리 탁아소 앞에는 닭발을 커리에 볶아서 파는 길거리 상점이 있는데 아침에 출근만 하면 우리 선생님들은 나에게 닭발을 사 달라고 했다. 처음에는 사 주기만 했는데 한 번 먹어 보니 맛도 있고 그들과 공감대도 형성되어서 계속 먹게 되었다. 내가 닭발을 먹는 것을 보고 선생님들도 좋아했다.

이 지면을 빌어 탁아소 헌당식에 오신 내리교회의 고 이바울 감독님 부부와 최동수 장로님 내외 분께 다시 한 번 감사드린다. 또 이바울 감독님은 움티니 목사님 사택을 자비로 지어 주셨다. 그들의 방식으로 나무 집을 지어 주신 것에 얼마나 기뻤는지 모른다.

우리가 구굴레토에서 어린이 사역을 하는 동안 남편은 하라레흑인교회를 개척했다. 처음에는 천막 교회로 시작했다가 후에는 학교 교실을 빌려 예배를 드렸다. 그 후 남편은 사막을 방불케 하는 미개발 지역에 종교 부지 1천 평 정도를 구입했다. 그러고는 교회 사역과 더불어 현지인들에게 일자리를 마련해 주었다. 봉제 일을 가르쳐 주고, 자투리 천을 구해 주었다. 그러면 그 천으로 각 가정에서 소품을 만들

그리스도는 살고 나는 죽는 이야기

었는데, 그것을 판매하는 일도 도왔다. 사실 케이프타운의 흑인 지역
은 매우 넓다. 우리 힘으로는 모든 문제를 해결할 수 없지만 최선을
다하기로 했다.

구굴레토의 무지개 탁아소를 넘겨 준 뒤 적당한 크기의 땅을 기증
받아 싸이시에 새로운 탁아소를 지었다. 이번에는 그들이 건축하는
방식으로 지었다. 세면대도 아이들의 키에 맞추어 제작했다. 그 지역
에서는 보기 힘든 예쁘고 아름다운 제2의 무지개 탁아소가 탄생한 것
이다. 싸이시도 구굴레토 못지않게 열악했다. 우리가 사는 곳에서는
30여 분 걸리는데 외진 곳이라서 곳곳에 위험 요소가 많았다. 팀원들
이 함께 다녀도 두려움이 엄습한다. 그러나 임마누엘 하나님을 향한
믿음 하나로 강행했다. 시간이 지나면서 사람들에게 신뢰를 얻어 훨

싸이시 탁아소

씬 마음이 놓였다.

탁아소 사역은 아직도 그곳에 남아서 묵묵히 사역하고 있는 엄 목사님을 통해 계속되고 있다. 현재 케이프타운 곳곳에는 무지개 탁아소가 20여 개나 된다.

케이프타운을 떠난 지 벌써 19년이 지났다. 지금도 그때 만났던 많은 사람의 얼굴이 눈에 선하다. 케이프타운에 거주한 한국인 선교사 가정으로는 우리가 처음이었다. 1997년 우리가 그곳을 떠날 때만 해도 스텔렌보스 유학생을 다 합쳐도 60명이 채 되지 않았다.

2009년에 다시 가 보니 한국인은 천 명이 넘었고, 교회는 세 개로 늘어났으며, 선교사님의 가정도 서른 가구가 넘었다. 하나님은 여전히 그곳에서 일하고 계셨다.

시애틀 밀크릭에 새로운 둥지를 틀다

시애틀에서의 새로운 삶이 시작된다. "월드컨선"(World Concern)에서 우리에게 영주권을 주기로 하고 변호사가 수속을 밟는 중이라고 했다. 영주권이 나오기 전까지는 미국에 머물러야 했다. LA에서 시애틀까지 차를 타고 가기로 결정했다. 그러나 책과 짐이 많다 보니 차 한 대로는 부족했다. 그래서 차를 한 대 더 빌려서 남편과 나는 우리 차로, 진표와 은표는 빌린 차를 타고 이틀간 여행했다.

시애틀에 도착하니 모든 것이 우리를 반기는 듯했다. 그러나 오래

그리스도는 살고 나는 죽는 이야기

전에 부탁했던 거처가 아직 준비되어 있지 않아서 조금은 실망했다. 일단 한 유학생의 집에서 하루는 신세를 진 후 비어 있던 연합장로교회 사택을 임시로 사용했다. 수리가 끝나지 않은 낡은 집이었지만 가스 스토브와 냉장고 그리고 세탁기까지 갖추어져 있어서 생활하는 데 별 불편함이 없었다.

집을 구하는 것은 쉬운 일이 아니었다. 임대료가 비싸서 우리에게 맞는 집을 구하기가 쉽지 않았다. 게다가 일주일 후면 남편이 한국으로 들어가야 해서 마음이 초조했다. 시애틀에 온 지 3일째 되는 날 부동산중개업을 하시는 장로님께서 우리에게 집을 사라고 권하셨다. 돈도 없는데 어떻게 집을 사냐고 했더니 미국에서는 집값의 20퍼센트만 있으면 은행 대출을 받아서 집을 살 수 있다고 했다. 그 대신 30년에 걸쳐 그 빚을 갚아야 한다고 했다. 20퍼센트라면 우리가 갖고 있는 돈으로 충분했다. 낯선 곳에 오자마자 집을 산다는 것이 겁도 나고 내키지는 않았지만 대출이자가 임대료보다 적게 나오니 시도해 보기로 했다.

그러나 집을 산다는 것이 하루이틀에 끝나는 일은 아니었다. 일단 집을 보러 다녀야 했고, 마음에 드는 집이 나타나도 모든 절차가 끝날 때까지 최소한 두세 달이 걸렸다. 케이프타운에서 짐이 도착할 때까지 집을 못 구하면 어떻게 할지, 창고보관료를 지불하는 상황이 벌어지면 그 경비를 어떻게 충당할지, 집을 사고 나면 수중에 백 달러밖에 안 남을 텐데 자동차는 어떻게 할지…. 사소하지만 우리에게는 심각한 걱정들이 꼬리에 꼬리를 물었다. 하지만 기도밖에는 해결책이 더 있겠는가? 감사하게도 우리 가족은 무사히 밀크릭으로 이사했다. "물레방아골"이란 뜻의 밀크릭은 시애틀 북부의 전원 도시로 매우 아름다웠다.

우리 짐은 무사히 도착했다. 이사 업체가 원하는 위치에 짐을 다 놓아 주고, 쓰레기까지도 말끔히 치워 주니 나는 손가락 하나 까딱하지 않아도 되었다. 이제 한국에 가 있는 남편만 돌아오면 되었다. 얼마 후 남편에게서 전화가 왔다. 우리 가족이 한국에 와서 영주권을 받아야 한다는 것이었다. 남편도 계속 이곳에 있었더라면 미국에서 영주권을 받았겠지만 남편이 한국에 가 있어서 한국에서 받아야 한다고 했다. 다시금 사소한 걱정들이 나를 괴롭혔다. '이 집은 누가 지키고, 우편물은 어떻게 할까?' '집에 불이 계속 꺼져 있으면 안 될 텐데 누구에게 부탁하지?'

그러나 혼자 끙끙거리며 걱정하는 것은 미련한 짓이다. 즉시 하나님께 말씀드리면 된다. 주님을 부르자마자 오대온 선교사님이 떠올랐다. 얼마 전 내가 다니던 교회에 오셔서 우연히 만나게 되었는데 알고 보니 우리 집에서 5분 거리에 산다고 하셨다. 선교사님과 연락이 닿았는데 "할렐루야!" 오 선교사님에게는 머물 집이 필요했고, 우리는 집을 관리해 줄 사람이 필요했다. 우리는 서로의 필요를 기가 막히게 충족시킬 수 있었다. 렌트비를 얼마 드려야 하느냐고 묻는 사모님에게 "이 집과 차는 하나님이 주신 것이니 자유롭게 사용하세요. 다만 정원을 돌봐 주시고, 전기와 수도세는 사용하신 것만 내세요."라고 말했다.

그리스도는 살고 나는 죽는 이야기

월드 컨선 앞에서 남편 전철한 목사, 은표, 진표, 김창배 목사

　나는 두 아들과 함께 한국행 비행기에 올랐다. 비행기는 거의 10시간 만에 한국에 도착했다. 마중 나온 남편을 보니 반갑기 그지없었다. 게다가 남편이 없는 가운데 내가 큰일들을 다 처리하지 않았던가. 우리 가족은 서교동에 있는 선교관에서 지내게 되었다. 한국에 머무는 동안 친지들을 만나 회포를 풀었다.

　한국에서 지낸 지 3개월이 지났지만 영주권이 나오지 않았다. 진표의 군 입대도 걸려 있어서 영주권이 언제 나오느냐에 따라 향후 향방이 달라졌다. 그러나 무사히 주님의 은혜로 영주권을 받고, 시애틀로 돌아왔다. 공항에서 수속하는 데 시간이 좀 걸렸지만 하나도 지루하지 않았다. 이제 하나님은 우리 가족이 어떤 일을 하기 원하실까? 이

것만이 우리의 관심사였다.

주께서 예비하시네

시애틀에서의 본격적인 삶이 시작되었다. 남편은 시애틀에 도착하
자마자 월드컨선에 출근했다. '회장 보좌관'이라는 직함과 함께 자그
마한 개인 사무실도 주어졌다. 맡은 임무는 미국에 있는 한인들에게
월드컨선에 대해 알리고, 북한 어린이들에게 보낼 비상 식량을 후원
받는 것이었다.

진표는 워싱턴대학교에 편입하고자 케이프타운대학교와 관련된
서류를 제출했다. 그러나 원하던 대로 3학년 편입이 되지 않았다. 어
차피 미국에서 대학을 다닐 거라면 진표는 샌프란시스코에 있는 스탠
포드대학교에 다니고 싶다고 했다. 하지만 입학하기 전에 최소한 1년
을 샌프란시스코에 거주해야만 학비도 싸고 절차도 순조로웠다. 그래
서 진표를 샌프란시스코에 보내기로 했다. 서양에서는 아이들이 만
18세가 되면 부모를 떠나 독립한다지만 나는 적어도 결혼 전까지는
데리고 살아야 하지 않을까 하는 옛날 사고 방식을 고수하고 있었다.
이러한 내 마음을 아는지 모르는지 진표는 가뿐하게 샌프란시스코로
떠났다.

진표는 그곳에 가서 한국인이 운영하는 선물 상점에서 일했다. 그
리고 아는 형의 주선으로 한국인 회사에 취직했다. 차도 없이 원룸에

그리스도는 살고 **나는 죽는** 이야기

서 아는 형과 지냈다. 마침 우리가 다니던 교회에 중고차를 헌금으로 드린 사람이 있었는데, 우리가 그 차를 잘 흥정해서 샀다. 드디어 진표에게도 차가 생겼다. 칼리지에 다니면서 일과 학업을 병행했지만 힘이 들었던지 나에게 전화를 걸어왔다. 공부에 집중하기 힘드니 집에서 학교를 다니고 싶다는 것이었다. 자신의 계획대로 맞아떨어지지 못했지만 세상 공부를 했을 것이라 생각하고 감사해했다.

집으로 돌아온 진표는 공부에 열중했고, 주님을 인격적으로 깊이 만났다. 2년 후에는 "소울라인 커뮤니티"에서 우수한 성적을 받고, 빌 게이츠 장학금까지 받았다. 워싱턴대학교에 다니는 동안 학비와 생활비 걱정은 하지 않아도 되었다.

은표는 마침 그 당시 남아공에서 중학교 과정을 마치고 온 후라서 미국에서는 10학년이 되는데 집 근처 공립학교에 보내려다가 남편이 일하는 월드컨선 부속 사립학교에 보내기로 했다. 사립학교 학비가 우리에게는 벅찬 금액이었지만 내가 조금이라도 벌면 충당할 수 있을 것이라고 생각했다. 좋은 점이 있다면 매일 아빠와 함께 등교해서 함께 귀가한다는 것이었다. 나중에 생각해 보니 부모에게는 이것이 좋은 점일지 몰라도 아이에게는 갑갑했을 것 같다. 은표 역시 열심히 공부하고 늘 우수한 성적을 받았다.

아이들의 학교 문제도 해결되었다. 다만 비싼 학비를 어떻게 충당할 것인지가 문제였다. 이제 나는 일을 찾아야 했다. 미국에 와 보니까 사람들이 거의 대부분 세탁소나 음식점 등에서 일하고 있었다. 물론 미국에서 공부했다면 할 수 있는 일의 폭이 넓겠지만 나로서는 딱히 할 일이 없었다. 또 다른 문제는 언어였다. 물론 둘로스에서 2년을 보내고, 남아공에서 10년이나 있었지만 실제로 영어를 사용한 것은 신학교에서 공부할 때뿐이었다.

먼저 신문에 실린 구직 광고를 살펴보았다. 다양한 일거리가 있었는데 그중에 "아이 돌봄"이 눈에 띄었다. 어느 탁아소에서 낸 광고였다. 물론 이런 분야의 일은 보수가 높지는 않지만 내가 자신 있게 할 수 있었다. 서둘러 전화로 연락을 취한 후 남편과 함께 찾아가 보았다. 가정집에서 허가를 내고 운영하는 탁아소였다. 미국에는 이런 종류의 탁아소를 쉽게 찾을 수 있다. 단 1인당 여섯 명의 아이를 돌볼 수 있다. 만일 한 명이라도 늘어나면 보조 일손이 있어야 한다. 탁아소를 운영하는 캐더린에게는 자기 아이가 세 명이나 있어서 친정어머니의 도움을 받고 있었다. 그러나 아이 수가 더 늘어나자 부득이 또 한 사람을 구했다.

미국에서 취직하려면 신원 보증이 있어야 하고 그 절차도 아주 까다로웠다. 그리고 추천서가 매우 중요했다. 그런데 5분 정도 내 소개를 듣더니 그 자리에서 "오케이!" 하는 것이었다. 나는 집에 가서 생각해 본 후 마음이 정해지면 그다음 주부터 오겠다고 약속했다. 하지만 문제는 운전이었다. 내 운전 실력이 좋지 않으니 고속도로를 피해 갈 수 있는 길을 찾아보았다. 다행히 뒷길이 있어서 직접 운전해서 갈 수 있었다. 시애틀에서의 첫 직장이 생긴 것이다.

남아공에서 탁아소 사역을 했기 때문에 아이들을 돌보는 일은 익숙했다. 캐더린도 나름 흡족해했다. 내가 하는 일은 아이들이 컴퓨터

그리스도는 살고 나는 죽는 이야기

를 할 수 있게 도와주는 것, 텔레비전으로 동화를 보여 주는 것, 이따금 마당에 나가 놀게 하는 것, 시간에 맞춰 간식을 챙겨 주는 것 등이었다. 그런데 아이들이 너무 많이 노는 것 같다는 생각이 들었다. 그래서 아이들에게 책을 읽어 주거나 그림을 그리게 하거나 어떤 것을 만들게 하는 것이 어떻겠냐고 말했더니 캐더린도 좋은 생각이라며 받아 주었다.

나는 시간표를 짜서 아이들과 함께 그림도 그리고 만들기도 했다. 그러자 산만하기만 했던 아이들이 차분해지며 하나둘 나를 따르기 시작했다. 특히 캐더린의 아들 두루는 말썽꾸러기였다. 두루가 처음에는 내 말을 무시하더니만 만들기를 시작하자 차츰 흥미를 보였다. 아이를 맡긴 부모들도 내가 하는 일을 좋아했다.

그런데 어느 날 캐더린은 전화를 받고 있었고 나는 갓난아이의 기저귀를 갈아 주고 있는데 갑자기 방에서 아이의 울음소리가 났다. 깜짝 놀라서 가 보니 메리라는 아이가 창문 블라인드로 장난을 치다가 목에 상처가 난 것이다. 피가 나지는 않았지만 붉은 자국이 생겼다. 원래 아이들은 잠을 잘 때를 제외하고는 방에 들어가지 못하게 한다. 그런데 그날따라 무슨 일인지 메리가 방에 들어갔다가 사고가 난 것이다. 아이가 다치거나 무슨 일이 생기면 그 상황을 적어서 부모에게 알려야 한다. 캐더린은 메리 엄마에게 전화를 걸어 메리가 이층 침대에 올라가 놀다가 블라인드에 목을 스친 것 같다고 말했다. 메리 엄마는 상황을 잘 이해하고 큰 문제를 제기하지 않았다. 그러나 메리를 데리고 병원에 가서 치료를 받는 과정에서 그 병원 의사가 우리 탁아소를 고소했다. 탁아소가 고소를 당하면 그 탁아소는 면허정지는 물론 아예 문을 닫아야 했다. 나는 캐더린에게 우리의 잘못이 있긴 하지만 고의가 아니니까 너무 걱정 말고 같이 기도하자고 말했다.

한편 아이들을 맡긴 다른 부모들에게 이 소식이 전해졌다. 그들은 학부모회의를 소집해서 탁아소가 고의적으로 사고를 낸 것이 아니기에 잘못이 없다는 내용으로 서명 운동을 했다. 그리고 그동안 캐더린이 아이들을 얼마나 잘 돌보았는지 증명해 주었다. 법원에서도 이 문제를 더 이상 거론하지 않겠다는 연락이 왔다. 1997년 성탄절을 앞두고 이 소식을 듣게 되어 탁아소는 거의 축제 분위기였다. 캐더린은 이 모두가 기도한 덕분이라고 말했다. 내가 어느 곳에서 무슨 일을 하든 나와 함께하시는 주님을 또 한 번 확인했다. 캐더린은 선물과 함께 보너스를 두둑이 넣은 감사카드를 나에게 주었다.

새해가 되자 남아공 생각이 많이 났다. 또 우리가 미국에 올 때 왕복 티켓을 끊었기 때문에 남아공에 갈 티켓이 남아 있었다. 우리가 짓기로 했던 탁아소도 완공되었다고 했다. 캐더린에게 양해를 구하고 사역지도 돌아볼 겸 우리는 겸사겸사 남아공에 다녀오기로 했다.

그리스도는 살고 나는 죽는 이야기

4장

FAN의
탄생

기러기 아빠

시애틀에서 3년을 지내는 동안 우리는 연합장로교에 다녔다. 남편은 월드컨선선교회에서 일하고 나는 프리스쿨에서 일하면서 제법 친구도 많이 생겼다. 그런데 월드컨선의 임기가 거의 끝날 무렵, 남편은 한국에 돌아가기로 결정했다. 한국을 떠나 해외선교 사역을 시작하는 것도 쉽지 않았지만, 다시금 한국으로 돌아가는 것 역시 큰 결단이 필요했다. 게다가 아이들이 아직 공부 중이라서 아이들을 남겨 두고 가야 했는데, 전통적인 한국 엄마인 나로서는 아이들이 제법 컸는데도 떼어놓는 것이 마음에 걸렸다. 그러나 우리 부부가 주저하는 것을 주님이 아셨는지 마음의 큰 짐을 하나 덜어 주셨다. 은표가 시애틀퍼시픽대학교(Seattle Pacific University) 의예과에 장학생으로 입학한 것이다.

훨씬 가벼워진 마음으로 우리 부부는 한국으로 돌아왔다. 남편은 전에 몸담고 있던 한국외항선교회 인천 지부에서 사무총장직을 맡아 일하게 되었다. 나도 신혼 초에 일했던 어린이집에서 다시 일하게 되었다. 그 어린이집은 "은광원"으로 이름이 바뀌었는데 지체 부자유자와 부모 없는 아이들을 맡아 돌보는 기관이 되었다. 아프리카에 거주하기 전, 시애틀에 거주하기 전, 나는 늘 이방인이었다. 그런데 15년 만에 한국에 왔는데도 이방인과 같다는 느낌이 들었다. 그러나 언제 어디서나 시간이 지나면 적응하기 마련이다.

한국에서 6개월을 보내고 나니 미국에 있는 아이들이 궁금해졌다.

그래서 나 혼자라도 미국에 다녀오기로 했다. 아니나 다를까, 아이 둘만 사는 집은 마냥 어질러져 있었고, 아이들 역시 부모가 없는 자유를 만끽하고 있었다. 특히 은표는 그 자유의 단맛에 빠져 공부도 소홀히 하고 있었다. 이런 상황을 보니 도저히 아이들만 놔두고 올 수가 없었다. 남편과 상의한 후 내가 당분간 아이들과 함께 지내기로 했다. 이러한 결정 역시 쉽지 않았다. 남편은 졸지에 기러기 아빠가 되고 말았다.

남편에게는 미안한 말이지만 나 혼자서도 미국에서 지낼 만했다. 전에 다니던 직장에도 다시 다닐 수 있게 되었고, 두 달 만에 월급도 올려 주었으며, 네 살반 담임도 맡겨 주었다. 교회에서는 성가대로 봉사하고, 집에서는 아이들을 돌보면서 지냈다. 엄마가 옆에 있으니 아이들도 안정을 찾는 듯했다.

어느 날, 남편에게서 연락이 왔다. 남편은 나에게 한국외항선교회를 관두었다고 했다. 나는 화들짝 놀랐다. 26년간 몸담아 오던 곳을 관두다니…. 사전에 나와 한마디 의논 없이 이런 결정을 했다는 것 역시 충격이었다. 심지어 배신감마저 들었다. 여느 가정주부들이 거의 그러하듯이 남편이 다니던 직장을 하루아침에 관두면 당장 걱정되는 것이 생활비였다. 전화를 끊고 나니 남편이 원망스러웠지만 한편으로는 미국에 올지 모른다는 기대감도 들었다.

시애틀을 떠나 한국으로 가기 전의 일이다. 지인 목사님께서 우리가 한국으로 돌아간다는 말을 들으시고는 한인 교회를 소개해 주겠다고 말씀하셨다. 그 무렵 한국에서 이름난 부흥 강사이자 우리 교단의

그리스도는 살고 나는 죽는 이야기

박 목사님이 오셔서 집회를 해 주셨다. 우리 부부도 찾아가 뵙고 기도를 받았다. 박 목사님은 남편이 앞으로 만 명 정도 되는 교회의 목사가 될 것이라고 말씀하셨다. 나는 그 말이 언젠가는 현실이 되지 않을까 해서 마음에 담아 두었다.

오랜만에 한국에 돌아왔을 때 가장 크게 놀란 것은 한국에도 외국인이 많다는 사실이었다. 어릴 때부터 배워 온 단일민족이라는 정체성이 무색할 정도였다. 게다가 그 외국인들은 대다수 동남아, 아프리카, 남미, 러시아에서 온 사람이었다. 그리고 국제결혼도 빈번해져서 예전처럼 주목받지 못했다. 이러한 모습을 목격한 후 남편은 많은 생각을 했고, 새로운 비전을 갖게 되었다.

'그동안 한국이 세계선교를 위해서 많은 선교사를 해외로 보내지 않았느냐. 이제 선물로 너희 나라 안뜰에 많은 외국인을 보내니 그들에게 복음을 전하라.'

남편은 새로운 비전을 위해 움직이기 시작했다. 국내 외국인선교의 텃밭을 일구기 위해 이곳저곳을 수소문해 보았다. 그리고 인천 남동공단을 방문해서 외국인의 실태를 파악했다. 그곳에는 9천 명이나 되는 외국인 근로자가 있었다. 아무래도 인천은 남편에게 제일 익숙한 지역이었다. 후원을 위해 그동안 도움을 주시던 인천의 몇몇 교회를 찾아가 외국인선교의 비전에 관해 이야기했다. 그러자 그 교회들은 모두 도움을 계속 주겠다고 우리와 약속했다.

외항선교회를 관두고 나니 남편이 지낼 곳이 없었다. 나는 미국에 머물고 있었기에 남편 혼자 거처 문제를 해결해야 했다. 마침 외항선교회 선교관이 있던 건물 옥탑방이 비어 있어서 그곳에 월세로 들어 가기로 했다. 보증금 500만 원에 월세 10만 원이었다. 그런데 문제는 보증금 500만 원을 어디에서 구하느냐는 것이었다. 그래서 그동안 우리를 후원해 주시던 "한국도자기" 회장님의 사모님 이의숙 권사님께 도움을 청했다. 권사님은 흔쾌히 돈을 내주시고는 웃으면서 "나중에 다 갚아야해."라고 하셨다.

거처가 생겼으니 한국에 다녀가라고 남편은 나에게 말했다. 나는 일하던 학교에 한 달 동안 한국에 가 있겠다고 말하고 허락을 받았다. 막상 한국에 와서 남편이 사는 모습을 보니 고생이 이만저만이 아니었다. 애들 걱정에 미국으로 돌아갔는데 이번에는 남편이 걱정이었다.

FAN(한국외국인선교회)의 설립과 성장

남동공단 160블록에서 사업장을 운영하시는 원덕희 집사님이 공장 한 모퉁이의 땅을 빌려 주셨다. 남편은 그곳에 컨테이너를 놓고 그곳을 사무실과 예배실로 사용했다. 컨테이너 한편에는 싱크대를 설치하고 작지만 깨끗하게 꾸몄다. 이곳에서 FAN(Friends of All Nations; 한국외국인선교회)이 탄생했다. 선교회 이름은 아주 마음에 들었다. 이니셜 자체가 'fan'이니 이제 'FAN'은 모든 민족의 친구가 될 것이다.

그리스도는 살고 나는 죽는 이야기

FAN이 탄생했으니 우리는 FAN의 존재를 알려야 했다. 그런데 말이 선교회이지 사실 장소는 외국인근로자가 기거하는 곳보다 나을 것이 별로 없었다. 한국어 교실, 컴퓨터 교실을 연다고 알려도 찾는 이가 없었다. 내가 한국에 갔을 때에는 FAN이 설립된 이후였다. FAN은 7월쯤 설립되었고, 나는 추석 무렵에 한국을 방문했다.

내가 갔을 때에는 필리핀과 방글라데시 사람이 각각 10명 안팎으로 모였다. 나는 주일마다 이들에게 밥을 해 먹였다. 추석을 앞두고 새로운 홍보를 시작했다. 남편과 함께 사역하는 김성수 목사님과 함께 각 공장을 다니면서 '국제축구대회'를 한다고 광고했다. 또 일신교회의 김연택 목사님께 영어 설교와 점심 식사를 부탁드렸다. 드디어 추석이 되었다. 김 목사님의 교회 교인들과 축구팀, 또 외국인 2백 명 정도가 모여 국제친선축구대회를 열었다. 점심 메뉴는 한국 음식과 방글라데시 음식이었다. 이 축구 대회를 계기로 FAN을 확실히 소개할 수 있었다.

사실 나는 한 달만 머물다가 미국으로 돌아갈 생각이었는데 12월이 되어도 떠나지 못했다. 남편을 돕다가 FAN 사역에 발이 빠진 것이다. 우리 부부에게 한 가지 아이디어가 떠올랐다. 이곳에서 일하는 외국인은 대다수 기후가 따뜻한 나라에서 왔다. 그래서 한국의 겨울이 이들에게는 매우 춥다. 선교회에 올 때 입고 온 옷차림을 보니 그들에게는 겨울옷이 마땅히 없는 듯했다. 그래서 우리가 다니는 신촌교회 당회장이신 이정익 목사님께 헌옷을 모아 달라고 부탁했다. 그런데 목사님께서는 교인들에게 이렇게 광고하셨다고 한다.

"오늘 입고 오신 옷은 모두 외국인에게 주시고, 다시 하나씩 장만 하십시오."

목사님의 그 광고 말씀이 아직도 귀에 쟁쟁하다. 남편은 신촌교회 에서 사 주신 봉고차에 옷을 싣고 왔다. 좋은 옷들이 수두룩했다. 내 평생 그렇게 좋고도 많은 옷을 본 적이 없다.

덕분에 우리는 공단 근로자들를 찾아다니며 FAN에 와서 옷을 마 음대로 골라가라고 했다. 이로써 많은 외국인과 접촉할 기회를 얻었 다. 그 해 성탄절에는 우리 선교회에 사람들이 많이 모여서 자리가 없 을 정도였다. 우리는 2층에 컨테이너를 세우기 위해 기도했다. 컨테이너를 지으려면 천만 원 정도가 필요했다. 그런데 우리를 잘 알고 계시던 신촌교회의 장로님께서 선뜻 그 돈을 지원해 주셨다. 컨테이너를 아름답게 꾸며 예배 장소를 옮겼다. 그리고 이사회를 조직했다. 고문 故 정진경 목사님, 이사장 이정익 목사님 그리고 이사 스무 분을 모시고 첫 이사회를 열었다. 나는 그날 오신 분들을 위해 정성껏 아침 식사를 대접했다. 그 후 이사회 때마다 이분들을 대접하는 것이 내게 큰 기쁨이 되었다.

일일이 이름을 기록하지 못했지만 감사할 분이 아주 많다. 그분들이 없었다면 FAN은 태어나지 못했을 것이다.

남편과 함께 한국에서 사역하다 보니 6개월이 훌쩍 지났다. 나는 다시 미국으로 돌아갔다. 먼저 다니던 프리스쿨은 약속했던 것보다 공백기가 너무 길어져서 다른 곳을 소개받았다. 이곳에서는 신생아 반을 맡게 되었다. 나는 신생아 반을 맡아본 적이 한 번도 없었다.

나는 미국법에 따라 그들이 마련해 준 학교에 다녀야 했다. 물론 학비는 나라에서 대 주었다. 덕분에 나는 워싱턴 주에서 발급하는 자격증을 취득할 수 있었다. 월급도 조금 올려 받게 되었다. 코티지 스쿨(cottage school)에 간 지 얼마 안 되었는데 학교에서 인정받아 학부형과 선생님이 뽑는 "이달의 선생님" 상도 받았다. 상금 100달러와 함께 하루를 쉬게 해 주는 기분 좋은 상이었다.

내가 학교에도 잘 적응하고 아이들과도 잘 지내고 있을 때, 남편에게서 전화가 왔다. 선교회 부지를 빌려 주신 원 사장님께서 공장을 증축하시는데 150평 크기의 2층 공간을, 1억 원에 선교회에 임대해 수

신다는 것이었다. 하지만 인테리어는 우리가 해야 한다는 조건이었다. 우리는 1억 원을 어떻게 마련할 수 있을지 고민이 되었다.

감사하게도 이의숙 권사님과 신촌교회에서 각각 반씩 부담해 주셨다. '주께서 예비하셨구나' 하고 생각하니 기쁘고 감사했다. 나는 2층 공간을 머리로 그려 보고 아이디어가 생각날 때면 그때그때 남편에게 말해 주었다. 그리고 선교회가 그곳으로 이사하는 날만 기다렸다. 이제 사무실은 생겼는데 내부 공사를 어떻게 해야 할지 고민이었다. 게다가 그 안에 숙소도 마련해야 했다. 남편은 인테리어를 하는 데 5천만 원 정도가 들 것 같다고 했다. 그러나 5년의 임대 기간이 끝나면 5천만 원을 들여 꾸민 것을 다 포기해야 한다. 결국에는 5천만 원에 대해서는 5년간 매월 100만의 월세를 내는 것이라고 생각하기로 했다. 사실 정작 중요한 것은 5천만 원을 구하는 일이었다.

남편은 옥탑방 보증금 5백만 원을 빼서 착수금으로 사용하기로 하고 컨테이너로 이사를 왔다. 다가올 더운 여름을 남편은 컨테이너에서 지내야 했다. 이의숙 권사님께서 이러한 사실을 아시고는 한 가지 제안을 하셨다. 이 권사님의 부친이신 이성봉 목사님의 글이 만화책으로 출간했는데, 그 책을 판매해서 필요한 곳에 사용하라는 것이었다. 남편은 아는 목사님들께 책 판매를 부탁했다. 그리고 공사비를 채우기 위해 사방팔방으로 다니며 모금했다. 드디어 공장 건물 2층에 대예배실과 소예배실, 부엌은 물론 숙소와 쉼터 그리고 사무실까지 자리를 잡게 되었다.

그 무렵 몽골에서 선교를 하시다가 사모님의 건강 때문에 한국에

그리스도는 살고 나는 죽는 이야기

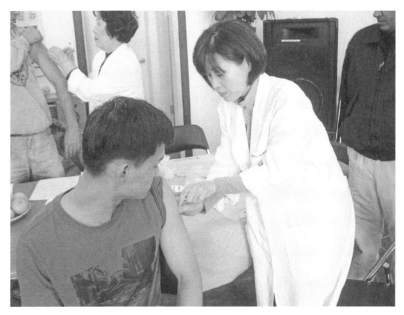

자선 클리닉 예방접종

돌아오신 전의철 장로님께서 외국인을 위한 무료 자선 클리닉을 하시 겠다고 했다. 전의철 장로님께서는 선교비를 들고 오셨는데 자신의 의료실로는 작은방 하나면 족하다고 말씀하셨다.(전의철 장로님은 인 천기독병원, 세광병원〈지금의 사랑병원〉 원장을 역임하셨다.) 남편은 전 장로님 덕분에 FAN 사역에 큰 힘을 얻었다. 그리고 때마침 치과 진 료를 위한 모든 치료 기구가 함께 들어왔다. 치과는 주일이면 의사 선 생님들이 오셔서 진료해 주셨다.

큰아들 진표가 아빠를 만나러 한국에 다녀오더니 내게 말했다.

"엄마, 이제는 아빠에게 가 보세요. 아빠가 너무 불쌍해요. 더운 여름을 에어컨도 없는 컨테이너에서 지내고 계세요. 아빠에게는 미안했지만 하룻밤을 자고 나니 더는 잘 수가 없어서 큰외삼촌 댁으로 갔어요."

진표의 말을 들으니 남편에게 너무 미안했다.

내가 가겠다고 남편에게 말했더니 남편은 2층 내부공사가 끝나면 오라고 했다.

다시 헬퍼의 자리로

늦은 가을, 나는 다시 남편 곁으로 돌아왔다. FAN은 창립된 지 1년이 좀 넘었는데 폭풍 성장을 했다. FAN을 자라게 하신 분은 당연히 내 하나님이시다. 이곳에 와서 직접 보니 바로 아래층에 코팅 작업을 하는 공장이 있어서 미세먼지와 더불어 열이 많이 올라왔다. 겨울은 그런대로 견딜 만했는데 여름이 문제였다. 에어컨을 켜도 잠깐 동안만 시원할 뿐이었다. 이제 나는 남편의 헬퍼(helper)가 되어, 죽으면 죽으리라는 각오로 이 사역장을 위해 열정을 쏟아붓겠다고 다짐했다.

이들을 위해 우리가 무엇을 할 수 있을까?

먼저 필리핀과 러시아 사역을 시작했다. 러시아 사역은 최다윗 전도사가 맡았다. 친구를 통해 소개받은 최다윗 전도사는 러시아계 아버지와 한국계 어머니 사이에서 태어난 미남이다. 박소영이라는 한국 아가씨가 러시아에 갔다가 만나서 결혼하게 된 것이다. 최다윗과 박

그리스도는 살고 나는 죽는 이야기

소영 부부 사이에는 두 자녀가 있다.

남편이 총신대학교에 강의를 갔다가 우연히 필리핀 목사와 파키스탄 목사를 만났다. 우리가 영어를 구사하기는 하지만 자기네 말을 하는 사역자가 있으면 좋겠다는 생각이 들어서 이 두 사람과 함께 사역하기로 결정했다. 또한 서울신대 대학원을 졸업한 조카가 선교에 대한 비전을 갖고 있던 터라 우리가 함께 일하자고 권유하여 직원이 되었다. 선교원 사무실도 생기가 넘쳤고, 직원들이 모두 맡은 일을 열심히 해 냈다.

5년간 나는 매일 아침 스무 명 분의 식사를 준비했다. 필리핀 아르넬 가족, 최다윗 선교사, 쉼터에 살고 있는 부부 다섯 쌍과 우리 부부를 위한 점심 및 저녁이었다. 또 누구든지 이곳에 오면 밥을 먹고, 컴퓨터를 사용할 수 있었다. 언제라도 와서 중고 의류를 골라갈 수 있는 코너도 마련해 두었다. 이것은 둘로스호에서 배운 것 가운데 하나였다. 주부들의 가사노동이 눈에 보이지는 않지만 없어서는 안 되고 힘이 들 듯 내가 하는 일들은 쉴 틈이 거의 없었다. 몸과 마음이 지칠 때에는 불평불만이 생기기도 했다. 하지만 이것이 주께서 내게 주신 소명이라고 생각했기 때문에 잠잠히 이겨 내곤 했다. 그러다 보면 어느새 내 입에서는 찬송이 흘러나왔다.

"오 놀라운 구세주 예수 내 주…."

선교원은 늘 분주하다. 눈을 뜨면 이것저것 해야 할 일이 쌓여 있다. 선교원에서는 합동결혼식을 해마다 치른다. 그리고 일정 시간이 지나면 어김없이 2세들이 태어난다. 이럴 때에는 선교원이 산후조리

합동결혼식

원이 된다. 나는 태어난 아이들에게는 할머니가 되고 산모에게는 친
정엄마와 같은 존재가 된다. 한국에 온 이방인들에게 내가 할 수 있는
것은 무엇이든 다 해 주고 싶었다. 내가 미국에서 했던 일과 공부가
모두 아이들을 보살피고 돌보는 일이 아니었던가. 아이들은 한 달 정
도만 이곳에 머물다가 자기 나라로 돌아가야 한다. 엄마와 아빠가 모
두 이곳에서 일해야 하기 때문이다. 아이를 떠나보내는 엄마의 마음
을 어떻게 다 표현할 수 있을까.

외국인들에게 우리 집을 개방해 놓았지만 이따금은 조용히 혼자
있고 싶어서 문을 잠글 때도 있었다. 그러면 그런 날은 꼭 무슨 일이

그리스도는 살고 나는 죽는 이야기

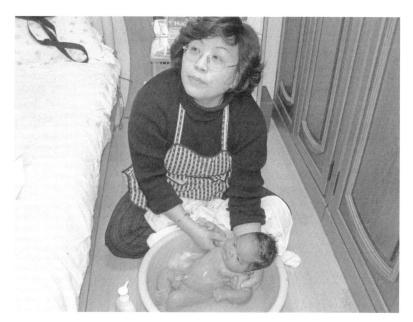

산후조리 봉사를 하는 전 사모

생기곤 했다. 예를 들어 불법체류자라고 해서 끌려 가는 경우가 있었다. 나는 출입국관리소 철장에 갇힌 그들을 보면서 눈물만 흘릴 뿐이었다. 이러한 상황에서 그들을 도울 방법은 아무 것도 없기 때문에 돌아가서도 신앙생활을 잘하라는 말밖에는 그들에게 할 수 있는 게 없다.

선교원의 사역자들이 복음을 전하는 일을 했다면, 나는 그들에게 엄마가 되어 주고 누이가 되어 주는 일을 했다. 이들에게 따뜻한 밥 한 끼 대접하는 것 자체가 나에게는 기쁨이었다.

이렇게 160블록 150평 공간에서 지낸 5년은 꿈만 같았다. 시간이

지나니 150평 공간도 점점 좁아지기 시작했다. 이곳이 사람들로 가득
차면 하나님께서 새로운 장소를 주실 것이 분명했다. 이번에도 우리
손에는 아무 것도 없었다. 그러나 믿음으로 이곳저곳 발품을 팔면서
새로운 선교센터를 찾았다.

　이번에는 128블록이었다. 이곳이 지금의 선교센터이다. 128블록
은 남동공단에서 가장 위치가 좋은 곳이다. 공원이 바로 옆에 있어서
사계의 변화를 또렷이 볼 수 있는 아름다운 장소였다. 이번에도 이의
숙 권사님과 신촌성결교회에서 헌금해 주셨다. 은행 대출이 있기는
하지만 우리 건물이 생긴 것이다. 주님이 기뻐하시는 일에는 모자람

　　　　　　　그리스도는 살고 나는 죽는 이야기

이 전혀 없다.

새 보금자리에서는 필리핀 공동체, 베트남 공동체와 태국 공동체를 위한 사역을 하고 있다. 또 사할린 어르신네들과 다문화가정 자녀들을 위한 쉼터 사역을 한다. 최근에는 위탁 선교 훈련과 증식 운동으로 많은 선교사 사역자를 훈련시켰다. 이 사역은 앞으로 더욱 발전할 것이다. 참석자들은 2층 다락방에서 하루 쉰 후 그다음 날 훈련을 받고 갔다.

128블록에 온 지 8년이 다 되어 간다. 좀 더 많은 세미나실과 숙소가 필요한 시점에 이르렀다. 이를 위해 우리는 기도하고 있다. 주께서 또 예비하실 것이니 우리는 그때를 기다릴 뿐이다.

세월이 흐르니 내 몸이 예전과는 다르다는 것을 자주 느낀다. 팔과 허리가 많이 약해졌다. 그러나 아직 해야 할 일이 남아 있으니 주님께서 강하게 해 주셔야 한다.

"주님, 주님께서 치료해 주세요. 그리고 강건케 해 주세요."

나는 걷는 운동을 시작했다. 걷는 것이 이제 습관

고 정진경 목사님과 지금의 센터 앞에서

화되었다. 걸을 때 주님과 대화하는 것이 아주 좋다. 나 혼자 걷고 있는 것이 아니라 주와 함께 걷고 있기 때문이다.

주와 같이 길 가는 것
즐거운 일 아닌가
…
한 걸음, 한 걸음
주 예수와 함께
날마다 날마다 우리는 걷겠네.

북아프리카에 피어나는 우리의 소망

지난해 가을, 나는 내 회갑 자축여행 겸 큰아들 집에 다녀왔다. 큰아들 부부는 북아프리카에 살고 있다. 나는 프랑크푸르트를 경유하여 북아프리카로 갈 예정이었다. 혼자 여행하는 것이 처음은 아니라서 두렵기보다는 기대감으로 잔뜩 부풀어 있었다.

그런데 프랑크푸르트에서 오랜 시간을 지체해야 했다. 그때 아들 진표가 나에게 전화해서 이렇게 말해 주었다.

"엄마, 프랑크푸르트에서 하루 주무시고 다음 날에 비행기를 타고 오세요. 제가 호텔을 예약해 놓았으니 거기에서 쉬시면 돼요."

나를 생각해 주는 아들이 기특했다.

그리스도는 살고 나는 죽는 이야기

진표는 가끔 나에게 이렇게 말하곤 했다.

"엄마, 저를 위해 기도하실 때 절대 목사나 선교사가 되게 해 달라고는 하지 마세요. 저는 "전스 펀드"(JUN'S fund)라는 사업을 해서 선교사님들에게 후원할 거예요. 선교사님들은 튼튼하고 좋은 차를 타야 해요. 아빠처럼 15년이나 된 폭스바겐이나 중고차를 타면 안 돼요. 중고차를 고치는 시간도 낭비이지만 중고차는 너무 위험해요."

진표는 워싱턴대학교 경영정보학과를 빌 게이츠 장학금으로 졸업했다. 그 후에 진표는 대학원에서 법학을 공부하고 싶다고 해서 나도 내심 그렇게 했으면 했다. 그런데 언제부터인가 "진표가 자라면 주님의 큰 기쁨이 되게 해 주세요."라고 기도하게 되었다. 그리고 진표 역시 언제부터인가 달라지기 시작했다.

한국에 있다가 미국에 들어갔을 때의 일이다. 아침에 일어난 진표가 이렇게 말했다.

"엄마, 우리 기도해요."

"엄마, 우리 성경 읽어요."

"엄마, 우리 예배드려요."

나는 이상하다는 생각이 들어서 진표에게 물었다.

"진표야, 무슨 일이니?"

"엄마, 제가 꿈을 꾸었어요. 제가 바라던 집과 자동차와 온갖 것들이 다 있더군요. 그런데 누군가 '이곳에는 하나님이 없다.'라고 하는 거예요. 그 말을 듣고 너무 무섭고 떨렸어요."

진표는 그 이후 완전히 다른 삶을 살았다. 누구를 만나든지 하나님을 전하기 시작한 것이다. 그리고 진표는 차츰 선교에 눈을 뜨게 되면서 우즈베키스탄, 투르크메니스탄, 중국에 다녀오더니 아빠에게 이렇게 말했다.

"아빠, 이게 부르심인가요?"

그 후 진표는 스스로 밴쿠버에 있는 리젠트대학교에서 신학 석사 과정을 마치고 선교를 나가겠다고 했다. 선교에 열정적인 아들을 보니 웬일인지 겁이 나기 시작했다. 그래서 나는 아들에게 이렇게 말했다.

"먼저 결혼을 하고 선교는 천천히 나가도 돼."

그러고 나서 진표에게 선을 여러 번 보게 했지만 모두 마음에 안 든다고 했다. 마침 호주로 이민 간 내 동창이 자기 딸을 한번 만나 보라고 권했다. 결국 그 친구 딸 호경이가 지금의 내 며느리가 되었다. 그 무렵 호경이는 호주에서 변호사로 일하다가 성공회 선교부로 옮긴 지 겨우 일주일이 되던 때였다. 두 사람이 만난 지 일주일 후 첫 프로젝트로 호경이는 파푸아뉴기니를 갈 정도였다. 둘 사이에서 경하와 윤하, 두 아이가 태어났다.

지금은 미국 선교 단체에 허입이 되었지만 아내도 신학 공부를 하는 것이 좋다고 해서 시카고 휘튼대학교에서 함께 공부했다. 진표는 교회사를 공부하고, 호경이는 선교학을 공부했다. 한인 교회에서 섬기고, 선교 단체에서 일을 하다가 2012년에 북아프리카 선교사로 떠난 것이다. 진표와 호경 그리고 경하와 윤하는 우리 부부에게 선교 현장을 이어받아 지금도 열심히 달리고 있다. 이 아이들이 북아프리카

리젠트대학교 앞에서 큰아이 진표와 나

를 향한 나의 소망이다. 또 작은아들 내외도 집사로서 시애틀 큰사랑
교회를 섬기며 두 아이 은하, 금하와 함께 아름답게 가정을 꾸미며 살
고 있다.

벌써 한국에서 외국인선교회를 시작한 지도 14년째이다. 14년이
란 세월이 어떻게 지났는지 모르겠지만 매순간 주님의 다스림과 간섭
하심이 있었다. 내가 의식하지 못할 때에도 주님은 내 옆에서 나와 함
께 걸으셨다. 때로는 나를 업고 걸으셨다. 때로는 내 등을 밀어 힘을
실어 주시기도 했다. 일용한 양식은 물론 사역에 필요한 사람과 물질
과 지혜를 공급하셨다. 지금 내 기도의 시작과 끝은 주님을 향한 감사
뿐이다.

우리 내외가 선교를 시작한 지도 올해가 꼭 40년째이다. 한국에서 외항선교를 하면서 10년, 둘로스 배와 함께 2년, 케이프타운에서 10년, 미국 시애틀에서 3년 그리고 한국외국인선교회에서 15년을 보냈다. 이렇게 지나간 모든 세월이 다 주님의 은혜이다.

올해 2월 우리 내외는 필리핀 민다나오섬에 다녀왔다. 그곳에는 지난 5년간 우리와 사역했던 아르넬 목사 가족이 살고 있다. 그들은 우리와 5년 동안 160블럭 공장에서 함께 지냈다. 아르넬 목사는 총신대학교 신학대학원에서 석사 학위를 받고, 서울신학대학교에서 박사 과정을 밟은 뒤 필리핀으로 돌아와 다바오에 있는 신학교에서 3년간 학생들을 가르쳤다. 그러고는 어떤 지인이 본인 고향인 마벨에 땅을 한천 평쯤 기증해 주어서 기존에 있던 창고를 개조하여 신학교를 세웠다. 그곳에는 현재 50여 명의 학생이 공부하고 있다. 이제 벌써 2년차 새로운 학생을 뽑을 때가 되었다. 대학교 과정을 공부하는 학생이 20여 명 있고 대학원 과정을 공부하는 학생이 30여 명 있는데 대학원은 의사, 선생님, 비즈니스맨 같은 다양한 분야의 사람들이 와서 공부한다.

몇 년 전부터 남편은 OMS선교회와 협력해서 T&M(훈련과 증식)이라는 프로그램으로 워크숍을 하는데 이것은 작은 소책자 63개로 되어 있다. 소책자는 30여 개국의 말로 번역되어 있지만 한국어로 된 것이 없어서 부족하지만 내가 한국어로 번역할 수 있는 기회를 얻었

그리스도는 살고 나는 죽는 이야기

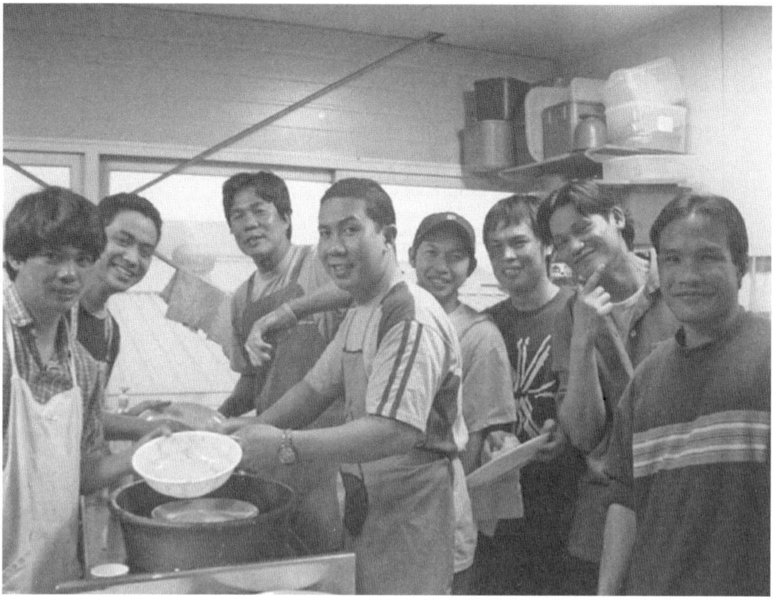

필리핀 설거지팀

다. 그리고 우리 큰며느리의 아버지이신 이갑용 장로님께서 감수해 주셨다. 벌써 국내외 선교사(외국인 선교사 포함) 600여 명에게 이 소책자를 보급했다. 이번에 우리가 필리핀을 방문한 것도 학생 30여 명을 가르치기 위해서였다.

물론 나는 그곳 학생들에게도 점심을 제공해 주는 일을 했다. 특별히 아르넬 목사가 이번 식사는 사모님이 한국 음식으로 해 주실 거라고 광고하는 바람에, 나는 불볕더위에 밖에서 불을 피워 밥을 해야 했다.

40년 동안의 열매를 어찌 다 글로 쓸 수 있으랴마는 이번에 필리핀에 가 보니 '주님께서 곳곳에 이러한 열매를 보게 하시는구나'라는 생각이 들었다. 감사하고 또 감사한 일이었다.

특히 릴리안 사모님이 한 말이 생각난다. "나도 사모님처럼 하려고요. 나에게 주어진 학생들에게 언니, 누나 그리고 이모가 되어 주고 싶어요. 사모님이 나에게 보여 주신 대로 하렵니다." 릴리안 사모님은 내가 어떻게 많은 외국인에게 매일 밥을 해 줄 수 있었는지 예전에는 이해가 안 되었다고 한다.

릴리안 사모님은 그 당시 선교 센터에서 지낼 때 셋째아이를 낳았다. 나는 한 달 동안 아이를 목욕시켜 주고 산모에게 미역국을 끓여 주었는데 이런 모습을 보고 감동을 많이 했다고 한다. 남편인 아르넬 목사는 내가 한 사람을 이렇게 만들었다고 말하면서 이제는 자기 아내가 내가 했던 것처럼 그대로 학생들을 섬기고 있다고 한다.

섬김

최근에 우리와 함께 있던 필리핀 목사 마리아노 전도사님이 목사 안수를 받았다. 이러한 행사가 있으면 준비는 다 내 몫이다. 순서지를 만드는 일도 해야 하지만, 오신 분들을 접대하고 선물을 준비하는 일도 해야 한다. 또한 수요일은 사할린 어르신들에게 예배 후에 점심 식사를 대접하고, 목·금에는 T&M 훈련이 있어서 훈련생을 위한 끼니를 준비한다. 그리고 한 달에 두세 번 정도 주일 저녁 식사를 준비

그리스도는 살고 **나는** 죽는 이야기

한다.

어느덧 나도 예순을 훌쩍 넘은 나이가 되었다. 지난해에는 유독 아픈 곳이 이곳저곳 생겨서 마음이 힘들었다. 어느 날은 너무 아파서 눈물로 밤을 지새웠다. 당장 생명과는 관계가 없지만 손 관절이 마디마디 쑤시고 발바닥도 아프고 이제는 무릎까지 아파온다. 나는 주님께 기도했다. '주님, 이제 이 일을 그만 하라고 하시는 건가요? 건강을 주세요. 제가 건강할 때까지 충성을 다하겠습니다. 부족한 제 기도를 들어 주셔서 아무리 힘들고 피곤해도 하룻밤을 자고 나면 일어날 수 있게 하시고 또 저에게 주어진 일을 모두 할 수 있게 해 주세요.'

그리고 주님은 나에게 늘 보배와 같은 이들을 붙여 주셨다. 예를 들면 4년 동안 한결같이 도와주던 내 친구이자 큰 사돈인 오희순 권사, 둘째 사돈인 김영애 권사, 이제 갓 결혼한 신부 지희양 그리고 벌써 몇 년을 먼 곳 서울에서 인천까지 와 주는 김민희 전도사님 등 때를 따라 돕는 이들을 붙여 주셔서 이 일을 다 감당하게 하신다. 돕는 손길들을 일일이 다 나열할 수는 없지만 이 모든 분들에게 주님이 큰 상급을 내려 주시리라고 믿는다. 나는 갚을 길이 없지만 주님께서 모두 갚아 주실 것이다.

끝으로 우리 부부에게 기도 제목이 하나 있다. 남은 삶이 얼마가 되었든지 간에 건강 지켜 주셔서 주의 사역 잘 감당하고, 밀알이 되어 죽고 또 죽는 것이다.

그리스도는 살고 **나는** 죽는 이야기

닫는 글

　지금까지의 이야기는 그리스도는 살고 제가 죽는 이야기입니다. 한 아이로서, 딸로서, 아내로서, 어머니로서 살아오면서 겪은 다양한 에피소드가 담겨 있습니다. 그냥 진솔하게 제 삶의 편린들을 뜨개질하듯 엮은 것이지요. 실의 색깔은 제각기 다르고, 이따금 실이 끊어질듯한 순간도 있지만 60여 년에 가깝게 엮다 보니 그 형체가 어느 정도 드러나더군요. 특히 하나님의 부르심과 동행하심, 치유하심, 축복하심 등이 군데군데 선명하게 드러나 있는 것을 확인했습니다. 이제 그 하나님의 흔적을 많은 사람들에게 알리고 싶습니다. 하나님의 신실하심을 증거하고 싶습니다. 이 책을 읽다 보면 안타깝고 슬픈 일도 있고, 웃음을 자아내는 일도 있습니다. 각 사람의 삶만 다를 뿐이지 그 안에 뚜렷이 새겨진 하나님의 만지심은 같기 때문에 제 이야기에 공감하시는 분도 있을 것입니다. 땅바닥에 쪼그리고 앉아 미래를 그리던 한 아이의 꿈이 어떻게 실현되었는지 보십시오. 저는 아직도 열심히 인생의 뜨개질을 하고 있습니다. 언젠가 하나님 앞에 서는 날 더욱더 선명하게 제 삶의 실을 엮을 수 있기를 소망합니다.